LANGENSCHEIDTS MUSTERBRIEFE

Dear Jenny...
Dear Sir...

Englische Briefe
mit deutscher Übersetzung

Neubearbeitung
von
Sonia Brough

LANGENSCHEIDT
BERLIN · MÜNCHEN · WIEN · ZÜRICH · NEW YORK

Steinbach

Herausgegeben von der Langenscheidt-Redaktion

Redaktion: Thomas Bennett-Long, Wolfgang Walther

© 2000 Langenscheidt KG, Berlin und München
Druck: Druckhaus Langenscheidt, Berlin-Schöneberg
Printed in Germany
ISBN 3-468-41923-6

3. 4. 5. 6. * 05 04 03 02

VORWORT

Im modernen Kommunikationszeitalter hat der Brief auch dank Fax und E-Mail neben dem Telefon durchaus seinen Platz behauptet, denn nicht immer ist das Telefon das geeignete Medium für einen Informationsaustausch. Vor allem wenn die Fremdsprachenkenntnisse nicht ganz ausreichen, um am Telefon fließend zu sprechen, bietet das Briefeschreiben die Möglichkeit, sich die richtige Formulierung zu überlegen und hier und da nachzuschlagen.

Mit diesem Band wollen wir Ihnen bei der Formulierung von englischen Briefen helfen, wobei in erster Linie Muster von Briefen privaten Inhalts behandelt werden. Daneben werden aber auch Beispiele für den Briefwechsel mit Hotels, Firmen, Institutionen usw. vorgestellt. Wenn Sie Hilfe bei der Formulierung englischer Geschäftsbriefe suchen, empfehlen wir Ihnen aus unserem Programm *100 Briefe Englisch für Export und Import* oder das umfangreiche Nachschlagewerk *Geschäftsbriefe Englisch*.

In der Einführung (S. 9–20) erfahren Sie alles Wissenswerte über die Form des englischen Briefes sowie Konventionen für die Anrede und Grußwendung. Auch die Schreibung des Datums, der Adresse usw. werden in der Einführung behandelt.

Den Musterbrief bzw. die Musterbriefe zum jeweiligen Anlass finden Sie schnellsten über das alphabetische Sachregister am Schluss des Buches. Auf die Anschrift und die Unterschrift haben wir bei den Musterbriefen im Allgemeinen verzichtet. Im Abschnitt „Kurzmitteilungen" werden Beispiele für Postkartentexte, Weihnachts- und Geburtstagsgrüße u. Ä. aufgeführt.

Da der vorliegende Band natürlich nur eine bestimmte Auswahl an Themen und Formulierungen beinhalten kann, empfehlen wir Ihnen, beim Briefeschreiben ein Wörterbuch, wie z. B. *Langenscheidts Taschenwörterbuch* oder *Langenscheidts Handwörterbuch*, zu Hilfe zu nehmen.

Wir wünschen Ihnen gutes Gelingen beim Schreiben!

LANGENSCHEIDT

Langenscheidts Briefe gibt es in Englisch, Französisch, Italienisch und Spanisch, jeweils mit deutscher Übersetzung.

ÜBERSICHT

INHALTSVERZEICHNIS

A Einführung

B Musterbriefe

I. Briefe privaten Inhalts

II. Briefe geschäftlichen Inhalts

C Kurzmitteilungen

D Häufig gebrauchte Wendungen

E Register

A EINFÜHRUNG

Aufmachung des englischen Briefes

Ob man beim Briefeschreiben zu mechanischen oder elektronischen Hilfsmitteln greift oder die altbewährte Feder zur Hand nimmt, muss von Fall zu Fall entschieden werden. Da sieht es in den englischsprachigen Ländern ähnlich aus wie in Deutschland: Immer mehr Briefe werden zwar mit der Maschine oder dem PC geschrieben, doch Briefe persönlicher Art schreibt man oft noch mit der Hand. Wir empfehlen den handgeschriebenen Brief zumindest bei Glückwunschschreiben, Beileidsschreiben, Einladungen (es sei denn, diese werden eigens gedruckt), Dankesbriefen, Liebesbriefen u. Ä. Ob Sie für die Briefe und Grüße an Ihre Bekannten und Freunde Schreibmaschine, PC oder Füllhalter verwenden, werden Sie selber am besten entscheiden können. Mancher Briefempfänger ist sicherlich dankbar für einen deutlich lesbaren Computerbrief anstelle einer unleserlichen „Klaue", wie persönlich auch immer diese sein mag!

Geschäftsbriefe werden wie in Deutschland gewöhnlich mit der Schreibmaschine oder dem Computer geschrieben.

Getippte oder ausgedruckte Briefe sollte man nur einseitig beschreiben. Geschäftsbriefe wie auch Privatbriefe werden üblicherweise auf DIN-A4-Bögen geschrieben. Für kürzere Texte werden bei Privatbriefen auch DIN-A5-Bögen benutzt. Für Dankesschreiben werden gern Kunstkarten u. dgl. verwendet.

Im Aufbau ist der englische Brief dem deutschen ähnlich:

Privatbrief

Anschrift des Absenders	17 Larkins Lane, Caterham, Surrey, CR2 6HW
Datum	16th June, 20..
Anrede	Dear Mrs Jackson,
Inhalt	Thank you for ....
Grußwendung	Yours sincerely,
Unterschrift	Peter Miller

- Die Hausnummer steht vor dem Straßennamen (meistens ohne Komma).

- Die Postleitzahl sollte bei britischen Adressen auf einer getrennten Zeile, bei amerikanischen Adressen nach der Abkürzung des Bundesstaats aufgeführt werden (z. B. NY 10019).

- Wenn davon ausgegangen werden kann, dass dem Briefempfänger die Adresse des Absenders bekannt ist, braucht man nur das Datum anzugeben.

Geschäftsbrief

Briefe geschäftlichen Inhalts sind heute im Englischen und Deutschen oft ähnlich angeordnet*. Die häufigste Form bei Briefen, die mit Computer oder Schreibmaschine geschrieben werden, ist die folgende:

Anschrift des Absenders		3 Poppy Lane Swansea SA4 5R
Telefonnummer Faxnummer E-Mail-Adresse		Tel. 01792 61835 Fax 01792 62334 e-mail: dthom@costa.co.uk
Name und Anschrift des Empfängers	Mr Joseph Blow The Manager Rinton Inc. 110 East 45th St. New York NY 10019	
Datum	27 October 20..	
Anrede	Dear Mr Blow I am writing to inform you	
Grußwendung	Yours sincerely	
Unterschrift	*D. Thomson*	
Name des Absenders	David Thomson	

---

* Ausführlich behandelt werden englische Geschäftsbriefe in unseren Titeln *100 Briefe Englisch für Export und Import* und *Geschäftsbriefe Englisch*.

Viele Varianten dieser Grundform sind möglich, wobei folgende Punkte aber beachtet werden sollten:

● **Zeichensetzung:** Bei der linksbündigen Form oben entfallen in Adresse, Anrede, nach der Grußwendung und beim Datum unnötige Satzzeichen, wie z. B. Kommas. Wird eingerückt, so werden normalerweise in den Adressen usw., und vor allem bei handschriftlichen Briefen, Satzzeichen verwendet, obwohl es eine allgemeine Tendenz zur Weglassung von solchen Satzzeichen gibt.

● **Anschrift des Absenders:** Abweichend vom abgedruckten Muster, findet man den Absender auch häufig links oben oder als gedruckten *Briefkopf* oben in der Mitte. Der Personenname des Absenders erscheint - abweichend vom Deutschen - nur unter der Unterschrift.

● **Name des Absenders:** Der Name wird mit eventuellen Titeln - bzw. mit Angabe der Funktion oder des Verantwortungsbereiches des Absenders innerhalb einer Organisation oder Firma - unter der Unterschrift aufgeführt. Frauen fügen gelegentlich *Mrs, Ms* oder *Miss* in Klammern hinter dem Namen hinzu.

● **Betreffzeile:** Eine eventuelle Betreffzeile erscheint entweder halbfett oder unterstrichen nach (als Alternative wie im Deutschen aber auch vor) der Anrede.

● **Anlagen:** Auf Anlagen *(enclosures)* verweisen die Abkürzungen *encl* oder *enc(s)* am Ende des Briefes, die normalerweise wie im Deutschen links unten positioniert werden.

Fax

FAX MESSAGE

From: James King	Tel. and Fax: 0208-377 4195
To: Mr G. Fawkes	Fax: 0207-288 9130

Date: 5 November 20..
Re: Tonight's barbecue

Pages: 1

Dear George

This is just a quick message to let you know that I'll be coming about an hour before the beginning of the barbecue with the spareribs you asked me to buy. I've also got some wonderful American barbecue sauces which I picked up in Los Angeles last week. I'll bring them along, too.

All the best

James

Heutzutage kann man mit der entsprechenden Technik Brief und Telefonat günstig miteinander verbinden, nämlich in Form eines Fax. Dazu kann man sich ein Formblatt anfertigen lassen oder auch selber zusammenstellen und vervielfältigen (siehe Seite 11).

Bei Faxen aus rein privaten Anlässen kann man natürlich auch auf solche Formalitäten verzichten.

Zeileneinrückung

Bei Privatbriefen wird generell die erste Zeile jedes Absatzes eingerückt. Bei Geschäftsbriefen wird darauf meist verzichtet; es sollte aber dann zwischen den Absätzen eine Leerzeile eingefügt werden.

Datum

Das Datum kann auf ganz unterschiedliche Art und Weise geschrieben werden. Hier einige der üblichen Varianten:

1st May, 20..   May 1st, 20..   1 May, 20..   May 1, 20..

Diese Varianten können auch ohne Komma geschrieben werden. Der Monatstag wird entweder mit dem entsprechenden Kürzel (*1st, 2nd, 28th* usw.) oder als allein stehende Ziffer (kein Punkt!) angegeben.

Dann gäbe es noch folgende Kurzformen:

1. 5. 04   (seltener)   *1/5/04*

Dabei entfällt bei der Jahreszahl die Nennung des Jahrhunderts. Bei der Kurzform ist aber Vorsicht geboten, denn in amerikanischen Briefen wird hier die Monatszahl zuerst angegeben, was sehr leicht zu Missverständnissen führen kann:

5. 1. 04   (AE = der erste Mai)

Zur Vermeidung von Irrtümern empfehlen wir die eindeutige Variante:

1st May, 20.. bzw. *1 May, 20..*

Anrede und Grußwendung

Bei der Anrede lautet das Schlüsselwort im Englischen *Dear*. Nur wenn Sie an die königliche Familie, Bischöfe u. dgl. schreiben, müssten Sie sich nach anderen Konventionen richten. Aber das wird ja nicht allzu häufig vorkommen!

Wichtig ist, dass nach der Anrede auf keinen Fall ein Ausrufezeichen folgt. Das Ausrufezeichen wird übrigens im Englischen generell viel seltener gebraucht als im Deutschen.

Grußwendungen sind dafür vielfältiger. Man kann sie aber grob in folgende Kategorien aufteilen:

Art des Briefes	Anrede	Grußwendung
An einen Empfänger, dessen Name nicht bekannt ist	*Dear Sir,* *Dear Madam,* *Dear Sir or Madam,* *Dear Sirs,*	*Yours faithfully,*
An einen Empfänger, dessen Name bekannt ist	*Dear Mr MacDonald,* *Dear Mrs Freeman,* *Dear Lawrence,*	*Yours sincerely,* persönlicher: *Kind regards/Best wishes,* *Yours sincerely,* herzlicher: *With (all) good wishes,* *Yours sincerely,* *With best wishes,* *Yours sincerely,*
An nähere Bekannte, Freunde und Verwandte	*Dear Katy,* *Dear Mum,* *Dear Jane and Bob,* intimer: *My dear Judy,*	*All the best,* vertrauter: *Love,* *With love,* *(With) Love from,* *Love from us all/both,* *Love to you all/both,* *Love and best wishes,* intimer: *Much love,* *All our love,* (umgangssprachlich) *Lots of love,*
An Freund, Freundin, (Ehe-)Partner usw.	*My dear Emma,* emotionaler: *My darling Ron,* *My darling/love/* *sweetheart,*	*With love,* emotionaler: *With all my love,* *Your loving Linda*

● Vor akademischen und militärischen Titeln usw. entfällt *Mr, Mrs, Miss, Ms: Dear Professor Taylor, Dear Dr Jones, Dear Major Bryant.*

● Wenn nicht bekannt ist, ob eine Frau verheiratet ist oder nicht, nimmt man das Kürzel *Ms*. Es wird auch für unverheiratete Frauen bevorzugt, da *Miss* leicht veraltet wirkt und von vielen Frauen als diskriminierend empfunden wird. Ausnahme: Die Frau legt Wert darauf, *Miss* genannt zu werden, und bezeichnet sich selbst so.

● Auf den Punkt nach den Kurzformen *Mr, Mrs, Ms, Dr* usw. wird heutzutage im britischen Englisch generell und im amerikanischen Englisch oft verzichtet. Voraussetzung ist, dass der letzte Buchstabe der Abkürzung auch der letzte Buchstabe des vollständigen Wortes (*Docto*r —> *D*r) ist. Dies ist z. B. bei *Professo*r nicht der Fall (—> *Prof.*).

● Es ist relativ unüblich, dass man „von Mann zu Mann" eine Grußwendung mit dem Wort *Love* gebraucht, außer in der Familie oder bei intimen Freunden. Wenn ein Mann aber an einen Mann und eine Frau schreibt, ist dies durchaus möglich, wenn der Gruß entsprechend innig sein soll.

● Auf Postkarten kann man die Anrede und Grußwendung weglassen.

Anschrift des Empfängers

> Mr R. Potter
> 14 Magpie Lane
> CAMBRIDGE
> CB4 8EW
> England

● Der Ortsname wird meistens großgeschrieben und die Postleitzahl auf einer getrennten Zeile aufgeführt.

● Bei handgeschriebenen Umschlägen findet man auch Kommas am Ende der Zeilen (außer der letzten). Die Zeilen werden manchmal stufenartig eingerückt.

● Ob man die volle Form des Vornamens oder lediglich die Initiale(n) setzt, hängt meistens davon ab, wie der Empfänger seine eigenen Briefe unterzeichnet.

> MS SHIRLEY STEVENS
> 123 LIBERTY ROAD
> EMMAUS PA 18098

Über die verschiedenen Formulierungen der Anschrift und Anrede bei Amts-, Titel- und Würdenträgern usw. sind ganze Bücher geschrieben worden. Hier eine kleine Auswahl der häufiger anzutreffenden Fälle:

Arzt	*Dr Roderick Benn* (niemals *Dr Dr* oder *Prof. Dr*) *Roderick Benn, M.D.* (Anrede) *Dear Dr Benn, Dear Doctor Benn,*
Promovierter Wissenschaftler	*Dr Sarah Cobb* *Sarah Cobb, PhD* (bzw. Abkürzungen für andere akademische Titel) (Anrede) *Dear Dr Cobb, Dear Doctor Cobb,*
Geschäftsführer (Hotel, Firma, Bank usw.)	*The Manager* (Anrede) *Dear Sir* bzw. *Dear Madam,* *Dear Mr Shaw, Dear Ms Jones,*
Herausgeber einer Zeitung	*The [Literary* usw.] *Editor* (Anrede) *Dear Sir* bzw. *Dear Madam,*
Knight (auf Lebenszeit)	*Sir Michael Sanders* (Anrede) *Dear Sir, Dear Sir Michael,*
Frau eines Knight	*Lady Jane Sanders* (Anrede) *Dear Madam, Dear Lady Sanders*
Dame	*Dame Edna Smythe* (Anrede) *Dear Madam, Dear Dame Edna,*
Peer	*The Right Hon. Lord Hampshire* (bzw. entsprechender Titel) (Anrede) *Dear Lord Hampshire,*
Parlamentsmitglied	*The Right Hon. Robert Andrews, MP* (Anrede) *Dear Sir, Dear Mr Andrews,*

- Knights werden mit ihrem Vornamen angeredet:
  Sir Michael (nie *Sir Sanders!*).
- Ein militärischer Rang hat Vorrang vor Adelstiteln:
  Admiral Sir Peter Browning, CB

E-Mail

Immer mehr Leute, die einen Computer und Internet-Anschluss haben, kommunizieren per E-Mail. Es ist eine bequeme, billige und zwanglose Art der Kommunikation, an die man sich schnell gewöhnen kann. Eine kurze persönliche Mitteilung oder auch längere geschäftliche Kommunikation können Empfänger in aller Welt innerhalb von Sekunden erreichen. Die Zwanglosigkeit der E-Mail fördert ein Wiederaufleben des schriftlichen gegenüber des telefonischen Austausches. Sogar auf Anrede und Grußwendung kann man - muss man aber nicht - verzichten. Hier einige Möglichkeiten, eine E-Mail einzuleiten und abzuschließen:

Dear Rob,	Hi Rob,	Rob,	*[gar nichts]*
Best wishes,	Yours,	Nicola N.	
Nicola	Nicola		

Zur „Netiquette" (Höflichkeitsregeln im Internet) gehört es, den Erhalt einer E-Mail zu bestätigen, wenn auch ganz kurz. Das ist mit der „Reply"-Taste schnellstens ausgeführt.

Um Emotionen in einer E-Mail zu vermitteln, kann man sich etlicher Smiley-Symbole bedienen, sollte dies aber nicht übertreiben. Hier einige der häufigeren Beispiele:

:-)	Lächeln		:-@	Schrei
:-D	Lachen		:-/	skeptisch
;-)	Augenzwinkern		:-o	überrascht; schockiert
:-(	traurig; enttäuscht		:-<	traurig
:-I	ernst		:'-(	Weinen
:->	boshafte Bemerkung		:-*	Kuss

Bedenken Sie, dass Umlaute sowie das deutsche „ß" im Ausland oft als unentzifferbare „Hieroglyphen" ankommen. Erkundigen Sie sich am besten vorher bei der betreffenden Person oder Firma, ob sie „umlautempfänglich" sind. Ansonsten sollte man sie umschreiben: „ä" zu „ae", „ü" zu „ue", „ß" zu „ss" usw. Weitere Informationen und Muster finden Sie auf folgenden Seiten S. 33, 50, 82, 94 usw.

Postalische Vermerke und Ausdrücke

Absender	*Sender; From:*
per Adresse, bei	*c/o (= care of)*
Bitte nicht knicken!	*Do Not Fold* (od. *Bend*)
Dringend!	*Urgent*
Drucksache (Infopost)	*Printed Paper(s)*
Eilbrief	*express letter*
Eilpaket	*express parcel*
Eilzustellung	*express delivery*
Einschreiben	*registered letter/parcel*
Einschreiben [mit begrenztem Entschädigungsanspruch]	*recorded delivery*
Einschreiben gegen Rückschein	*registered letter with confirmation of delivery*
Empfänger	*addressee*
Empfänger unbekannt	*Not known at this address*
Internationaler Antwortschein	*International Reply Coupon*
(Per) Luftpost	*(Par Avion -) By Airmail*
Luftpostleichtbrief (Aerogramm)	*aerogramme*
Muster ohne Wert	*Sample of no commercial value*
Nachgebühr	*Excess To Pay*
Nachnahme	*COD (= cash on delivery, AE collect on delivery)*
oben!	*This Way Up!*
Bitte nachsenden!	*Please forward*
Päckchen	*small packet, AE small parcel*
Paket	*parcel*
Persönlich	*Private, Personal*
Portofrei	*Postage Paid*
Postfach	*POB (= Post Office Box)*
Postlagernd	*Poste Restante, AE general delivery*
Mit bezahlter Rückantwort	*Reply Paid*
Rückporto	*return postage*
Sondermarke	*special issue stamp, commemorative stamp*
unzustellbar: Falls ~ bitte zurück an (Absender)	*If undelivered, please return to (sender)*
Vorsicht, zerbrechlich!	*[Handle] With Care!*
Vertraulich	*Confidential*
Wertbrief	*(fully insured) registered letter*
Wertbrief über £…	*Value £…*
Wertpaket	*registered parcel (with declared value)*

Wichtige Abkürzungen

● Im Englischen ist es - wie oben schon erwähnt - heutzutage üblich, den Punkt nach Abkürzungen wegzulassen, wenn der letzte Buchstabe der Abkürzung dem des vollständigen Wortes entspricht (z. B. *Mr* - *Mister*). Darüber hinaus geht die Tendenz besonders in Geschäftsbriefen dahin, den Punkt nach Abkürzungen auszusparen.

● Bei Abkürzungen, die aus Großbuchstaben bestehen, lässt man ebenfalls den Punkt meistens weg (z. B. *GB* - *Great Britain*).

● Abkürzungen für Wochen- und Monatstage können unabhängig vom letzten Buchstaben mit oder ohne Punkt erscheinen (z. B. *Nov, Nov.* - *November*).

a/c, A/C	*account* Konto
a.m., am	[lat. ante meridiem] *in the morning* morgens, vormittags
approx.	*approximately* ungefähr, zirka, ca.
Apr(.)	*April* April
attn	*attention* zu Händen, z. H., z. Hd.
Aug(.)	*August* August
Ave	*Avenue* Allee
Blvd	*Boulevard* Boulevard
bn	*billion* Milliarde(n), Mrd.
Bros(.)	*Brothers* Gebrüder, Gebr.
c.	*circa* zirka, ca.
C	[z. B. *C 19, 19th C*] *century* Jahrhundert, Jh.
cf.	*confer, compare* vergleiche, vgl.
Co(.)	*Company* Gesellschaft; (Irland und AE auch) *County* Grafschaft bzw. Bezirk
c/o	*care of* bei, per Adresse
COD	*cash* (AE *collect*) *on delivery* Nachnahme
Dec(.)	*December* Dezember
Dept	*Department* Abteilung
e.g.	[lat. exempli gratia] *for example* zum Beispiel, z. B.
enc(s), encl(.)	*enclosure(s)* Anlage(n)
esp.	*especially* besonders, bes.
excl.	*excluding* exklusive, exkl.
extn	*extension* Nebenstelle, NSt
Feb(.)	*February* Februar
FRG	*Federal Republic of Germany* Bundesrepublik Deutschland, BRD
Fri(.)	*Friday* Freitag
GB	*Great Britain* Großbritannien

Hon.	*Honourable* Ehrenwerter (Titel von Parlaments-mitgliedern u. a.)
i.e.	[lat. id est] *that is* das heißt, d. h.
incl.	*including* inklusiv, inkl.
Jan(.)	*January* Januar
l.	*line* Zeile, Z.
m	*million* Million, Mill., Mio.
Messrs	[frz. Messieurs] Firma (…)
Mon(.)	*Monday* Montag
MP	*Member of Parliament* Parlamentsmitglied
Mr	[vor Namen] *Mister* Herr
Mrs	[vor Namen; 'mɪsɪz] Frau (bei verheirateter Frau)
Ms	[vor Namen; mɪz] Frau (mst bei unverheirateter Frau)
nec.	*necessary* erforderlich, erf., notwendig, notw.
No., no.	[von frz. numéro] *number* Nummer, Nr.
Nos., nos.	*numbers* Nummern, Nrn.
Nov(.)	*November* November
Oct(.)	*October* Oktober
p.	*page* Seite, S.
para.	*paragraph* Absatz, Abschnitt
PhD	[lat. Philosophiae Doctor] *Doctor of Philosophy* Doktor der Philosophie, Dr. phil.
p.m., pm	[lat. post meridiem] *in the afternoon/evening* nach-mittags/abends
PO	*post office* Postamt
POB, PO Box	*Post Office Box* Postfach
poss.	*possible* möglich
pp, p.p.	[lat. per procurationem] *per pro* im Auftrag, i. A.
pp.	*pages* Seiten, S.
PTO, pto	*please turn over* bitte wenden, b. w.
Rd	*Road* Straße, Str.
Re(.), re(.)	(auf Briefkopf) *with reference to* Betreff, Betr.
recd, rec'd	*received* erhalten, erh.
regd	*registered* eingeschrieben
retd	*retired* außer Dienst, a. D.
Rev.	[vor Namen] *(The) Reverend* Ehrwürden (Anrede für Geistliche)
RSVP	[frz. répondez s'il vous plaît] *please reply* um Antwort wird gebeten, u. A. w. g.
Sat(.)	*Saturday* Samstag, Sonnabend
Sep(.), Sept(.)	*September* September
s.o.	*someone* jemand, jd., jem.
Sq.	*square* Platz, Pl.
Sr	*senior* senior, sen.

St	*street* Straße, Str.
Sta., sta.	*station* Bahnhof, Bhf.
sth., s.th.	*something* etwas, etw.
Sun(.)	*Sunday* Sonntag
Tel., tel.	*telephone* Telefon, Tel.
Thur(.), Thurs(.)	*Thursday* Donnerstag, Do.
Tue(.), Tues(.)	*Tuesday* Dienstag, Di.
UK	*United Kingdom* Vereinigtes Königreich
USA	*United States of America* Vereinigte Staaten von Amerika, USA
usu.	*usually* meist(ens), mst
Wed(.)	*Wednesday* Mittwoch

Währungsabkürzungen

£20	*twenty pounds (sterling)* zwanzig Pfund (Sterling)
5p	*five pence* fünf Pence
$1.60	*one dollar sixty* ein Dollar sechzig
50c	*fifty cents* fünzig Cent
€ 20	*twenty euros* zwanzig Euro
€ 9.30	*nine point three euros* neun komma drei Euro
DM 50, 50 DM	*fifty deutschmarks* fünfzig deutsche Mark
SF 80, Sfr 80	*eighty Swiss francs* achtzig Schweizer Franken
AS 200	*two hundred Austrian schillings* zweihundert österreichische Schilling

B MUSTERBRIEFE

Hinweise für den Benutzer

[ ] In eckigen Klammern stehen Ausdrücke, die nach Belieben eingefügt oder fortgelassen werden können.

/ / Schrägstriche trennen in Kursivschrift erscheinende austauschbare Ausdrücke voneinander.

NB Keine der angegebenen Adressen ist echt.

I. Briefe privaten Inhalts

1. Mitteilung einer Geburt an Bekannte
(Antwort s. Brief 4)

Dear David and Mary,

You will be pleased to hear that we have a baby boy, Raymond Peter, born at 9.15 p.m. on Wednesday at St Mary's Hospital. He weighed 9 lb. 8 oz., and both he and Jane are doing well.

  With best wishes,
    Yours,

    Michael and Jane

Lieber David, liebe Mary,

es wird Sie freuen zu erfahren, dass am Mittwochabend um 21.15 Uhr im St.-Mary's-Krankenhaus unser kleiner Sohn Raymond Peter geboren wurde. Er wog 8 $\frac{1}{2}$ Pfund. Ihm und Jane geht es gut.

  Mit den besten Grüßen
    Ihre

    Michael und Jane

2. Mitteilung einer Geburt an gute Freunde

(Antwort s. Brief 5)

Dear Jacky and Roger,

He's here at last! Raymond Peter arrived very noisily on Wednesday night after five hours of labour. He weighed in at 9 lb. 8 oz., and will undoubtedly make a fine rugby player one day. Both he and Jane are doing fine. I am exhausted!

Best regards,
Yours,

Michael

Liebe Jacky, lieber Roger,

er ist endlich da! Raymond Peter kam am Mittwochabend nach fünf Stunden Wehen mit viel Lärm zur Welt. Er brachte 8 $\frac{1}{2}$ Pfund auf die Waage und wird zweifellos eines Tages ein guter Rugbyspieler sein! Ihm und Jane geht es gut. Ich bin erschöpft!

Viele Grüße
euer

Michael

3. Gedruckte Geburtsanzeige

Jane and Michael [Winslow]

are happy to announce
the birth of their son
Raymond Peter
on February 8th at 9.15 p.m.

Jane und Michael [Winslow]

freuen sich,
die Geburt ihres Sohnes
Raymond Peter
am 8. Februar um 21.15 Uhr
bekannt zu geben.

4. Glückwunsch zur Geburt eines Kindes von Bekannten

(Antwort auf Brief 1)

Dear Jane and Michael,

We were delighted to hear your good news. Please accept our warmest congratulations. Lucy, too, must be thrilled to have a little brother at last. We do hope that we shall have the

Liebe Jane, lieber Michael,

wir waren sehr erfreut, Ihre gute Nachricht zu erhalten. Wir gratulieren Ihnen herzlichst! Lucy wird sicherlich auch begeistert sein, endlich einen kleinen Bruder zu haben. Wir hoffen sehr, dass wir demnächst die Gelegen-

opportunity of seeing you all, and particularly *the new arrival / the newcomer to the family,* before long.

heit haben werden, Sie alle - und besonders *den Neuankömmling / das neue Familienmitglied* - zu sehen.

With our very best wishes,
Yours,

David and Mary

Mit den allerbesten Wünschen
Ihre

David und Mary

5. Glückwunsch zur Geburt eines Kindes von guten Freunden
(Antwort auf Brief 2)

Dear Jane and Michael,

Congratulations! You must be over the moon about young Raymond. At 9 ½ pounds it sounds as if the poor lad takes after his father! But if that's the case, he'll probably sleep like a log at night. Let's hope so!

Lucy must be thrilled to bits as well. When things have settled down a bit we'll try and make it down to Reading to see you and your little bundle of joy.

Please send us a photo as soon as you can!

Love,

Jacky and Roger

Liebe Jane, lieber Michael,

herzlichen Glückwunsch! Ihr müsst ja überglücklich sein über Klein-Raymond. 8 ½ Pfund - das klingt ja fast so, als ob der arme Kerl nach dem Vater kommt. Wenn das der Fall ist, wird er nachts wahrscheinlich wie ein Murmeltier schlafen. Hoffen wir's!

Lucy ist sicherlich auch ganz aus dem Häuschen. Wenn alles ein bisschen ruhiger geworden ist, werden wir versuchen, nach Reading zu kommen, um euch und euern Sprössling zu besuchen.

Schickt uns doch so bald wie möglich ein Foto!

Liebe Grüße

von Jacky und Roger

6. Mitteilung einer Taufe an Bekannte

Dear Mrs Anderson,

This is to let you know that our baby will be christened at St Hilda's Church on Sunday, March 12th, at 3 p.m. We are hoping very much that you will be

Liebe Frau Anderson,

wir möchten Ihnen mitteilen, dass unser Kind am Sonntag, dem 12. März, um 15 Uhr in der St.-Hilda's-Kirche getauft wird. Wir hoffen sehr, dass Sie

able to attend the service and come back with us afterwards for tea.

Hoping to see you then.

Yours sincerely,

Michael and Jane Winslow

mit uns am Gottesdienst teilnehmen und anschließend zu uns zum Tee kommen können.

In der Hoffnung, dass wir uns dann sehen, verbleiben wir mit freundlichen Grüßen

Ihre Michael und Jane Winslow

7. Mitteilung einer Taufe an gute Freunde

Dear Juliet and Thomas,

We've now got a date for the christening: Sunday, March 12th, 3 p.m., at St Hilda's. Hope you'll be able to make it with the children. We'll be having tea at Mum's afterwards.

Love,

Jane and Michael

Liebe Juliet, lieber Thomas,

der Termin für die Taufe steht nun fest: Sonntag, 12. März, 15 Uhr, St. Hilda. Wir hoffen sehr, dass ihr's mit den Kindern schafft. Anschließend werden wir zum Tee bei Mutti sein.

Liebe Grüße von

Jane und Michael

8. Mitteilung einer Verlobung an eine gute Freundin

Dear Sally,

I thought I would drop you a line to let you know that I've just got engaged to a *charming/gorgeous/wonderful* man called Brian Taylor. We've been going out with each other for almost six months and decided that things were getting quite serious. So he popped the question, and I said "yes" without a moment's hesitation! He works for an insurance company and has a great sense of humour (which is just as well if he's going to marry me!).

Tentatively, we're planning the wedding for next April, so do try and

Liebe Sally,

ich dachte, ich schreib dir kurz, um dir zu sagen, dass ich mich gerade mit einem *charmanten/hinreißenden/wunderbaren* Mann namens Brian Taylor verlobt habe. Wir gehen seit fast sechs Monaten miteinander und sind zu dem Schluss gekommen, dass die Sache nun ernst wird. Also machte er mir einen Heiratsantrag, und ich gab ihm, ohne einen Moment zu zögern, das Jawort! Er arbeitet für eine Versicherungsgesellschaft und hat viel Sinn für Humor (und das ist gut, wenn er beabsichtigt, mich zu heiraten!).

Wir haben als Termin für die Hochzeit den nächsten April ins Auge

arrange to fly over then. I'll let you know the details as soon as possible. Who knows, you might even meet the man of your dreams at the wedding - Brian has got some very nice male friends …

That's all for now. Do write when you get time.

With love,

gefasst: Versuch also doch, für diese Zeit einen Flug hierher einzuplanen. Ich lass dich so bald wie möglich die Einzelheiten wissen. Wer weiß, vielleicht lernst du sogar bei der Hochzeit deinen Traummann kennen! - Brian hat einige sehr nette Freunde …

Das wär's für heute. Schreib doch bitte, wenn du Zeit hast.

Alles Liebe

von deiner

9. Mitteilung einer Hochzeit von der Brautmutter an Freunde

Dear Liz and Fred,

Now that we've fixed the wedding date, I can at last send you the official invitation. As you can imagine, preparations are already under way and life is quite hectic, what with making up the wedding present list (which I enclose), sending out all the invitations and choosing dresses for Clare and the bridesmaids.

However, it's all very exciting and everyone is looking forward to the big day. It will be lovely to see old friends again and exchange news.

We do hope you can make it. If you need accommodation, let us know and we'll try and fix something up.

I look forward to hearing from you soon.

With love,

Joan

Liebe Liz, lieber Fred,

da wir nun den Hochzeitstag festgelegt haben, kann ich euch endlich die offizielle Einladung zuschicken. Wie ihr euch vorstellen könnt, sind die Vorbereitungen voll im Gange und alles ist ziemlich hektisch: Aufstellen der Geschenkeliste (die ich beilege), Verschicken sämtlicher Einladungen und Aussuchen der Kleider für Clare und die Brautjungfern.

Es ist aber sehr aufregend, und alle freuen sich auf den großen Tag. Es wird sehr schön sein, alte Freunde wiederzusehen und Neuigkeiten auszutauschen.

Wir hoffen sehr, dass ihr es zeitlich einrichten könnt. Falls ihr eine Unterkunft braucht, gebt uns bitte Bescheid. Wir werden versuchen, etwas zu organisieren.

Ich freue mich, bald von euch zu hören.

Liebe Grüße

eure Joan

10. Gedruckte Einladung zur Hochzeit

Mr and Mrs Geoffrey Cheney
request the pleasure of the company
of
Dr and Mrs Howatt
at the wedding of
their daughter Clare Rosalind
to Mr Martin Meacham
at St Stephen's Church, Twickenham,
on Saturday, 9th June, at 2 p.m.
and afterwards at
the Royal Oak Hotel, Richmond.

4, Wood Lane,   RSVP
East Sheen,
London SW14 8NW

Herr und Frau Geoffrey Cheney
geben sich die Ehre,
Herrn Dr. Howatt und seine Ehefrau
zur Vermählung ihrer Tochter
Clare Rosalind
mit Herrn Martin Meacham
einzuladen.
Die Trauung wird am
Samstag, dem 9. Juni, um 14 Uhr
in der St.-Stephen's-Kirche in
Twickenham stattfinden.
Anschließend treffen wir uns im
Royal Oak Hotel, Richmond.

4, Wood Lane   u. A. w. g.
East Sheen
London SW14 8NW

11. Verschiebung einer Hochzeit
(meist in gedruckter Kartenform)

Dr and Mrs Wilson announce that owing to the illness of Mr Prior, the marriage of their daughter Cynthia to Mr Richard Prior has been postponed indefinitely.

Dr. Wilson und Frau teilen mit, dass aufgrund der Krankheit von Herrn Prior die Hochzeit ihrer Tochter Cynthia mit Herrn Richard Prior bis auf weiteres verschoben werden muss.

12. Absage einer Hochzeit
(meist in gedruckter Kartenform)

Mr and Mrs Will Shire announce that the marriage of their daughter Linda to Mr Simon Loeb[, which was arranged for Saturday, April 21st,] will not now take place.

Herr Will Shire und Frau teilen mit, dass die Hochzeit ihrer Tochter Linda mit Herrn Simon Loeb[, die für Samstag, den 21. April geplant war,] nicht stattfindet.

13. Annahme einer Einladung zur Hochzeit von Freunden

(Antwort auf Brief 9)

Dear Joan and Geoff,

What *good/splendid/wonderful* news! Fred and I are so pleased for Clare. Does Martin realize what a lucky young man he is?

Yes, we shall certainly be coming to the wedding. It will be almost three years since we last saw each other, so it's an ideal opportunity to meet up again.

As a present, we would very much like to contribute to the dinner set by getting the six dinner plates, if nobody else has chosen them.

Thank you for your kind offer to arrange accommodation for us, but we'll probably be staying with Fred's sister Mary, who lives not far away at Nether Frimley.

We wish you the best of luck with the wedding preparations, and look forward very much to seeing you all in June.

With love,

Liz and Fred

Liebe Joan, lieber Geoff,

was für eine *gute/großartige/wunderbare* Nachricht! Fred und ich freuen uns so für Clare. Weiß Martin eigentlich, wie glücklich er sich schätzen kann?

Ja, wir werden mit Sicherheit zur Hochzeit kommen. Es werden bald drei Jahre sein, seitdem wir uns das letzte Mal gesehen haben, also ist es eine ideale Gelegenheit, uns mal wieder zu treffen.

Als Geschenk würden wir uns sehr gern mit den sechs Esstellern am Tafelservice beteiligen, falls sie sich nicht schon jemand ausgesucht hat.

Danke für das nette Angebot, eine Unterkunft für uns zu organisieren, aber wir werden wahrscheinlich bei Freds Schwester Mary übernachten, die nicht weit weg in Nether Frimley lebt.

Wir wünschen euch bei den Hochzeitsvorbereitungen viel Glück und freuen uns sehr, euch alle im Juni zu sehen.

Liebe Grüße

von Liz und Fred

14. Absage einer Einladung zur Hochzeit von Bekannten

(Antwort auf Einladung 10)

Dear Joan and Geoffrey,

Thank you so much for your kind invitation to the wedding of your daughter. We are delighted that she has at last found her "Mr Right". Unfortunately, we won't be able to attend the wedding as Charles hasn't been too well lately and can't undertake anything as strenuous as an eight-hour train journey. I feel I couldn't really leave him on his own even for a few days.

But we shall be thinking of you all on the day, and do hope that we shall be able to meet up again in the not-too distant future.

We hope Clare and Martin will like the little present we have sent, and wish them every happiness for the future.

With all good wishes,
Yours,

Dora and Charles Leighton

Liebe Joan, lieber Geoffrey,

haben Sie vielen Dank für Ihre nette Einladung zur Hochzeit Ihrer Tochter. Wir freuen uns so sehr, dass sie endlich den richtigen Mann gefunden hat. Leider werden wir nicht zur Hochzeit kommen können, da es Charles in letzter Zeit nicht so gut geht und für ihn eine achtstündige Bahnreise bestimmt zu anstrengend wäre. Ich würde ihn ungern auch nur für ein paar Tage allein lassen.

Wir werden aber an diesem Tag an Sie alle denken und hoffen, dass wir uns in nicht allzu ferner Zukunft wiedersehen können.

Wir hoffen, dass Clare und Martin das kleine Geschenk gefällt, das wir ihnen geschickt haben, und wünschen ihnen alles erdenklich Gute für die Zukunft.

Mit allen guten Wünschen

Ihre

Dora und Charles Leighton

15. Formelle Antwort auf Einladung zur Hochzeit

(Antwort auf Einladung 10)

James and Lisa Rawlinson thank Mr and Mrs Cheney for the kind invitation to the wedding of their daughter Clare on Saturday, 9th June, *and have much*

James und Lisa Rawlinson möchten sich sehr herzlich bei Herrn und Frau Cheney für die freundliche Einladung zur Vermählung ihrer Tochter Clare am Samstag, den 9. Juni bedanken, *die*

pleasure in accepting / but regret very much that they are unable to accept as they will be abroad at the time.

sie mit großem Vergnügen annehmen / die sie bedauerlicherweise nicht annehmen können, da sie zu dieser Zeit im Ausland sein werden.

16. Dank für Hochzeitsgeschenk von Freunden

Dear Maggie and Douglas,

It was lovely to see you both at the wedding. I'm only sorry we didn't have more time to chat - it's a little difficult with so many guests! Martin and I got back from our honeymoon on Sunday, and are at last able to enjoy our presents properly. Thank you both so much for the lovely antique kettle - it really is very special, and everyone who has been around has admired it.

Let's try and get together some time soon. And thanks again!

With love,

Clare and Martin

Liebe Maggie, lieber Douglas,

es war so schön, euch beide auf der Hochzeit zu sehen. Es tut mir nur Leid, dass wir nicht mehr Zeit gehabt haben, um uns zu unterhalten - bei so vielen Gästen ist es ein bisschen schwierig! Martin und ich sind am Sonntag aus unseren Flitterwochen zurückgekehrt und können uns jetzt endlich richtig an unseren Geschenken erfreuen. Euch beiden vielen herzlichen Dank für den wunderbaren antiken Kessel - er ist wirklich etwas Besonderes, und jeder, der hier war, hat ihn bewundert.

Versuchen wir doch, bald irgendwann zusammenzukommen. Und nochmals danke schön!

Liebe Grüße

von eurer Clare und euerm Martin

17. Dank für Hochzeitsgeschenk von Bekannten

Dear Mrs Coombes,

Thank you so much [on behalf of my husband and myself] for the lovely lace tablecloth you gave us for our wedding. It really looks very attractive in the dining room. We're so glad you could come to the wedding, and only

Liebe Frau Coombes,

vielen herzlichen Dank [auch im Namen meines Mannes] für die wunderschöne Spitzentischdecke, die Sie uns zur Hochzeit geschenkt haben. Sie sieht im Esszimmer wirklich sehr schön aus. Wir haben uns sehr gefreut, dass Sie zur Hochzeit kommen konn-

regret not being able to spend more time with each of our guests.

When things have settled down a bit, you must come round and see us in our new flat.

Thanks again for the *kind/generous* present.

Best wishes,

Clare and Martin Meacham

ten, und bedauern nur, dass wir nicht mehr Zeit mit jedem unserer Gäste verbringen konnten.

Wenn wieder etwas Ruhe eingezogen ist, müssen Sie uns einmal in unserer neuen Wohnung besuchen.

Nochmals danke schön für das *nette/großzügige* Geschenk!

Mit den besten Grüßen

Ihre Clare und
Martin Meacham

18. Mitteilung eines Todesfalls an einen Bekannten
(Antwort s. Brief 19)

Dear Frank,

It is with great sadness that I have to write to tell you that my father passed away in his sleep on Sunday night. He had had a long battle against cancer and suffered a great deal of pain. We are grateful that in the end his death came quietly. A private funeral will take place on Thursday at St Bartholomew's Church, which he used to attend regularly.

Would you mind passing the news on to Mike Farmer and his family? They knew and liked Dad, and I'm sure they would appreciate being told.

Yours,

Peter

Lieber Frank,

mit großer Trauer muss ich dir mitteilen, dass mein Vater Sonntagnacht für immer eingeschlafen ist. Er hatte lange gegen seine Krebskrankheit angekämpft und große Schmerzen erlitten. Wir sind dankbar, dass er letztendlich einen sanften Tod hatte. Das Begräbnis wird am Donnerstag in kleinem Kreise in der St.-Bartholomew's-Kirche stattfinden, die er früher regelmäßig besuchte.

Wärst du so freundlich und würdest die Nachricht an Mike Farmer und seine Familie weitergeben? Sie kannten Vater und mochten ihn sehr - daher wären sie sicherlich für die Mitteilung dankbar.

Dein Peter

19. Beileid zum Tod des Vaters eines Bekannten
(Antwort auf Brief 18)

Dear Peter,

I was very [shocked and] saddened to hear that your father had died - I have very fond memories of him from the time when we all lived in Stockton. I know there is little one can say at times like this to alleviate the grief that a bereavement causes, but after your father's *serious/prolonged* illness, his passing away must have come as a release from pain and suffering.

If there is anything I can do to help, please don't hesitate to ask.

Yours,

Michael

Lieber Peter,

mit [großer Erschütterung und] tiefer Trauer habe ich die Nachricht vom Tod deines Vaters empfangen. Ich habe sehr liebe Erinnerungen an ihn aus der Zeit, als wir alle in Stockton lebten. Ich weiß, dass man zu einer solchen Zeit wenig sagen kann, um den Schmerz zu lindern, den ein solcher Verlust verursacht hat, aber nach der *ernsthaften/langwierigen* Krankheit deines Vaters war sein Tod wohl doch eine Erlösung von Schmerz und Leiden.

Wenn ich dir irgendwie behilflich sein kann, dann zögere bitte nicht, es mir zu sagen.

Dein Michael

20. Beileid zum Tod eines Geschäftskollegen

Dear Mrs Simpson,

I was very sorry indeed to hear of your husband's sudden death. We knew him as the most kind-hearted and generous person, and it was always a great pleasure doing business with him. He will be sorely missed by all of us here at MAG.

Please accept our sincere sympathy.

Yours sincerely,

Ernst Gruber and colleagues

Sehr geehrte Frau Simpson,

ich war sehr betroffen, als ich vom plötzlichen Tod Ihres Mannes erfuhr. Wir kannten ihn als den gütigsten und großzügigsten Menschen, und es hat uns immer große Freude bereitet, mit ihm geschäftlich zu tun zu haben. Er wird von uns allen hier bei der MAG schmerzlich vermisst werden.

In aufrichtiger Anteilnahme

Ihr Ernst Gruber

und Kollegen

21. Dank für Beileidsbrief von einem Bekannten
(Antwort auf Brief 19)

Dear Michael,

Thank you for your kind words after Dad's death. It is difficult to find any comfort at times like this, but it helps to know that the thoughts of friends are with one. I hope that when I've got over things a little bit we'll be able to meet up and talk about happier matters.

Yours,

Peter

Lieber Michael,

danke für deine netten Worte nach Vaters Tod. Man findet in Zeiten wie diesen nur schwer einen Trost, doch hilft es zu wissen, dass Freunde in Gedanken bei einem sind. Ich hoffe, dass wir uns - sobald ich die Sache ein wenig überwunden habe - sehen und über erfreulichere Dinge sprechen können.

Dein Peter

22. Glückwünsche zum Geburtstag

Dear Jessica,

Many happy returns of the day! How does it feel to be sweet sixteen? I've enclosed a little present, as I know you like silver jewellery. I hope the design is all right - if you're not happy with it, I can easily exchange it.

Mum tells me you're having a disco party with about twenty friends tonight. She's very brave to let you use the house for it!

Anyway, have a great time, my dear. I'll be thinking of you.

Lots of love,

Auntie Kate

Liebe Jessica,

alles Gute zum Geburtstag! Wie fühlt man sich so im blühenden Alter von sechzehn? Ich habe ein kleines Geschenk mitgeschickt, denn ich weiß, dass du Silberschmuck magst. Ich hoffe, dass dir das Design gefällt. - Wenn du damit nicht zufrieden bist, kann ich es problemlos umtauschen.

Mutti hat mir erzählt, dass du heute Abend eine Diskoparty mit etwa zwanzig Freunden veranstaltest. Ganz schön mutig von ihr, euch das Haus zu diesem Zweck zu überlassen!

Auf jeden Fall hoffe ich, dass du dich großartig amüsierst, meine Liebe. Ich werde an dich denken.

Viele liebe Grüße
von deiner Tante Kate

23. E-Mail an Bekannte bez. einer Überraschungsfeier

Dear Friends,

As you all know, we are planning a surprise 40th birthday party for Laura at the Thames Boat House this Saturday. I would be grateful if you could be there by 7.15 pm. I have asked the manager to dim the lights just before 7.30 as I plan to arrive with Laura at 7.30 sharp. As soon as we enter the restaurant the lights will go on and everyone will sing "Happy Birthday". Your cooperation is much appreciated. Laura still doesn't know anything about this, so let's make sure we keep it a secret until Saturday!

Look forward to seeing you all at the appointed time,

William

Liebe Freunde,

wie ihr alle wisst, planen wir für den kommenden Samstag im Thames Boat House eine Überraschungsfeier zu Lauras 40. Geburtstag. Ich wäre dankbar, wenn ihr bis 19.15 h dort eintreffen könntet. Ich habe den Geschäftsführer gebeten, kurz vor 19.30 h die Lichter zu dämpfen, da ich plane, punkt 19.30 h mit Laura anzukommen. Sobald wir ins Restaurant eintreten, werden die Lichter angehen und alle "Happy Birthday" singen. Eure Kooperation weiß ich zu schätzen. Laura weiß immer noch nichts davon, also schauen wir, dass es bis Samstag ein Geheimnis bleibt!

Ich freue mich darauf, euch alle zum gegebenen Zeitpunkt zu sehen.

Euer William

24. Glückwunsch zum 80. Geburtstag eines Bekannten

Dear Mr Hurst,

Just a brief note to congratulate you on the splendid achievement of reaching your eightieth birthday. You have so far beaten the biblical three-score and ten by a decade. Long may it continue!

Best wishes,

James and Lynn Bradshaw

Lieber Herr Hurst,

ein paar kurze Zeilen, um Ihnen zu Ihrem achtzigsten Geburtstag zu gratulieren. - Das ist schon eine hervorragende Leistung! Nun haben Sie das biblische Alter von siebzig schon um ein Jahrzehnt übertroffen. Mögen Sie noch viele schöne Jahre erleben!

Mit den besten Wünschen

James und Lynn Bradshaw

25. Erfolgswünsche an einen Examenskandidaten

Dear Paul,

Just a short note to wish you the best of luck for your final exams. You are probably quite nervous about them, but I'm sure you've no need to worry. You've inherited plenty of brains and have always taken your studies seriously, so you deserve to do well. I'll be keeping my fingers crossed!

Yours,

Uncle Peter

Lieber Paul,

ganz kurz ein paar Zeilen, um dir viel Glück für deine Abschlussprüfungen zu wünschen. Du bist wahrscheinlich schon ziemlich aufgeregt, aber ich bin sicher, du brauchst dir keine Sorgen zu machen. Du bist von Haus aus intelligent und hast dein Studium immer ernst genommen, sodass du es verdient hast erfolgreich zu sein. Ich werde dir die Daumen drücken!

Dein Onkel Peter

26. Glückwünsche nach bestandener Prüfung

Dear Paul,

I've just heard from your mum that you passed your exams with flying colours. Congratulations! I knew you would, of course, coming from such a clever family. Mum and Dad must be so proud of you. It means you should be in an excellent position to find a job when you return from your year abroad.

I'm enclosing a cheque which might help you as you plan your trip to Australia. Do get in touch before you leave the country!

Yours,

Uncle Peter

Lieber Paul,

ich habe gerade von deiner Mutter gehört, dass du in deinen Prüfungen glänzend abgeschnitten hast. Herzlichen Glückwunsch! Ich wusste natürlich, dass du es schaffst, wo du doch aus einer so intelligenten Familie stammst. Mutti und Vati müssen ganz stolz auf dich sein. Damit müsstest du erstklassige Voraussetzungen haben, eine Stelle zu finden, wenn du dein Auslandsjahr beendet hast.

Beiliegend schicke ich dir einen Scheck, der dir vielleicht bei den Vorbereitungen zu deiner Australienreise hilfreich sein wird. Lass bitte vor deiner Abreise noch von dir hören!

Dein Onkel Peter

27. Glückwünsche zu Weihnachten

Dear Glenda,

Well, yet again I haven't managed to write to you all year, but life just seems to get busier all the time. If it wasn't for Christmas, we might never have any news of each other!

The children are all well and Timothy is happy in his new position, though it means he gets home from work even later than usual.

[...]

I imagine you'll have your hands full with the whole family staying for Christmas again. I've lost count of how many grandchildren you've got! Still, it must be lovely for everyone to be together at this time of the year.

Timothy, the children and I hope that you will all have a very happy Christmas and New Year, and look forward to seeing you again perhaps some time *soon / next year.*

With love,

Liebe Glenda,

wieder einmal habe ich es das ganze Jahr lang nicht geschafft dir zu schreiben, aber das Leben scheint immer hektischer zu werden. Wenn Weihnachten nicht wäre, würden wir vielleicht nie voneinander hören!

Den Kindern geht es gut und Timothy ist mit seinem neuen Posten sehr zufrieden, obwohl damit verbunden ist, dass er noch später als sonst von der Arbeit heimkommt.

[...]

Du wirst vermutlich alle Hände voll zu tun haben, wenn die ganze Familie wieder über Weihnachten da ist. Ich weiß gar nicht mehr, wie viele Enkelkinder du hast! Aber es muss für alle sehr schön sein, diesen Abschnitt des Jahres gemeinsam zu verbringen.

Timothy, die Kinder und ich hoffen, dass ihr alle ein glückliches Weihnachts- und Neujahrsfest verbringen werdet. Wir freuen uns, euch hoffentlich *bald / im nächsten Jahr* wiederzusehen.

Liebe Grüße von

28. Dank für ein Geschenk

Dear Uncle Matthew,

Thank you very much indeed for the desk calculator you sent me [*for my birthday / for Christmas*]. Dad must have told you I would need one for my accounting course. It really is a plea-

Lieber Onkel Matthew,

vielen herzlichen Dank für den Tischrechner, den du mir [*zu meinem Geburtstag / zu Weihnachten*] geschickt hast. Vati hat dir bestimmt gesagt, dass ich einen für meinen Kurs in Buchführung brauchen würde. Es ist

sure to use. I'll be thinking of you as I tap out my calculations!

Yours,

Colin

wirklich ein Vergnügen ihn zu benutzen. Ich werde beim Eingeben meiner Zahlen an dich denken!

Viele Grüße
dein Colin

29. An eine Freundin, die einen Unfall erlitten hat

Dear Josie,

We were quite shocked to hear from Camilla that you had rather a nasty accident on the way back from Northampton at the weekend and are now lying in hospital. You poor thing! We hope the fractured ribs aren't causing you too much pain.

Terry and I will certainly come and visit you as soon as we can. If there's anything we can do for you, please let us know.

Hoping there are lots of nice male nurses around to distract you from your misery …

See you soon,

Love,

Alice and Terry

Liebe Josie,

wir waren ziemlich erschüttert, von Camilla zu hören, dass du am Wochenende bei der Rückfahrt von Northampton einen ziemlich bösen Unfall hattest und nun im Krankenhaus liegst. Du Ärmste! Hoffentlich bereiten dir die gebrochenen Rippen nicht allzu große Schmerzen.

Terry und ich werden dich auf jeden Fall besuchen, sobald wir können. Wenn wir irgend etwas für dich tun können, sag uns bitte Bescheid.

In der Hoffnung, dass es genügend nette Krankenpfleger in der Nähe gibt, die dich von deinem Elend ablenken …

Bis bald!

Liebe Grüße von
Alice und Terry

30. An einen Bekannten, der im Krankenhaus liegt
(Antwort s. Brief 31)

Dear Anthony,

I was so sorry to hear that you are in hospital recovering from a *gall-bladder/kidney/heart* operation. I do hope

Lieber Anthony,

es tat mir sehr Leid, als ich erfuhr, dass Sie im Krankenhaus liegen und sich von einer *Gallen-/Nieren-/Herz-*

that the recovery is going well and that you are not in too much pain or discomfort. Make the most of your opportunity to rest - it won't last long!

    Sincerely,

      Roger Merton

operation erholen. Ich hoffe, dass die Genesung gute Fortschritte macht und dass Sie nicht allzu heftige Schmerzen und Beschwerden haben. Nutzen Sie die Möglichkeit gut, sich mal richtig auszuruhen. Lange werden Sie dazu keine Gelegenheit haben!

    Herzliche Grüße
    Ihr Roger Merton

31. Dank für Genesungswünsche
(Antwort auf Brief 30)

Dear Roger,

    Thank you for your card and the kind wishes, which reached me the day before I left hospital. On the advice of my doctor, I am now resting at home for another fortnight. Fortunately the discomfort is bearable, and I am able to spend my time catching up on plenty of reading!

    Yours sincerely,

      Anthony Price

Lieber Roger,

    danke für Ihre Karte mit den lieben Wünschen, die mich am Tag vor meiner Entlassung aus dem Krankenhaus erreichten. Auf Empfehlung meines Arztes kuriere ich mich nun für weitere zwei Wochen zu Hause aus. Glücklicherweise sind die Beschwerden erträglich, sodass ich meine Zeit damit verbringen kann, jede Menge Lektüre aufzuholen!

    Es grüßt Sie
    Ihr Anthony Price

32. Dank für Hilfe nach einem Unfall

Dear Mr Harris,

    I got your address from the police, and I would just like to say thank you for all the trouble you went to on my behalf after the accident. It was quite a traumatic experience for me and I am still getting over it, both physically and emotionally, but it is heartening to

Sehr geehrter Herr Harris,

    Ihre Adresse habe ich von der Polizei erhalten und wollte mich nur bei Ihnen für die große Mühe bedanken, die Sie sich meinetwegen nach dem Unfall gemacht haben. Es war für mich ein recht traumatisches Erlebnis, und ich habe mich sowohl physisch als auch psychisch immer noch nicht ganz

know that there are still Good Samaritans around.

With kind regards, and many thanks once more for your help.

Yours sincerely,

Annette Miller

davon erholt. Es ist aber ermutigend zu wissen, dass es noch barmherzige Samariter gibt!

Beste Wünsche und nochmals herzlichen Dank für Ihre Hilfe.

Annette Miller

33. An eine Bekannte, die in Scheidung liegt

Dear Mary,

I was so sorry to hear [from the Atkinsons] the very sad news of your marriage breakdown. I understand that there is no possibility of reconciliation and that the divorce is going through.

You must be experiencing a very difficult time. Please know that I am thinking of you. If there is anything at all that I can do to help you, please don't hesitate to contact me. And if you felt like a break, you would always be welcome up in Berwick.

With best wishes,

Linda

Liebe Mary,

es hat mir so Leid getan, [von den Atkinsons] die sehr traurige Nachricht vom Scheitern deiner Ehe zu erhalten. Wie ich höre, gibt es keine Möglichkeit der Versöhnung, und die Scheidung nimmt nun ihren Lauf.

Es muss für dich eine sehr schwierige Zeit sein. Sei dir gewiss, dass ich an dich denke. Wenn ich dir irgendwie behilflich sein kann, dann zögere bitte nicht, es mir zu sagen. Und wenn dir nach ein bisschen Abwechslung sein sollte, du bist hier in Berwick immer willkommen.

Mit den besten Wünschen
Linda

34. An einen Bekannten mit finanziellen Schwierigkeiten

Dear Larry,

Joe Marriner told me the news about your unfortunate financial circumstances *after the breakup with Geraldine / after you were forced to go out of business.* I was very sorry to

Lieber Larry,

Joe Marriner hat mir von deiner bedauerlichen finanziellen Lage *nach der Trennung von Geraldine / ,nachdem du dein Geschäft aufgeben musstest,* erzählt. Es hat mir sehr Leid

38

hear about it, but feel that I may be able to help out. As my business has been doing well over the past few years, I would be more than happy to give you an interest-free loan to tide you over until matters improve.

If you feel this would be of any help, please get in touch. It is meant to be a genuine offer. Meanwhile, all the best at this very difficult time.

Yours,

Hugh Ridley

getan, als ich davon hörte, aber ich denke, dass ich dir vielleicht helfen kann. Da mein eigenes Geschäft in den letzten Jahren gut ging, würde ich dir sehr gern einen zinslosen Kredit geben, um dir - bis sich die Dinge bessern - aus der Patsche zu helfen.

Wenn du meinst, dass dir damit irgendwie geholfen wäre, dann lass von dir hören. Mein Angebot ist ehrlich gemeint. Einstweilen alles Gute in dieser für dich sehr schwierigen Zeit.

Es grüßt dich

Hugh Ridley

35. Bitte um die Anschrift einer gemeinsamen Bekannten

Dear Anne,

Just a quick note to ask you whether you could give me Helen Gaynor's new address and telephone number. She sent it to me when she moved to Aberdeen, but I'm afraid *I've mislaid it / I must have thrown it away when I was clearing out my desk a few weeks ago.*

Many thanks! Trusting all is well with you and the family.

Love,

Barbara

Liebe Anne,

ganz kurz ein paar Zeilen, um dich zu fragen, ob du mir Helen Gaynors neue Adresse und Telefonnummer geben könntest. Sie hat sie mir zwar geschickt, als sie nach Aberdeen gezogen ist, aber leider *habe ich sie verlegt / habe ich sie wohl weggeworfen, als ich vor ein paar Wochen meinen Schreibtisch aufräumte.*

Besten Dank! Ich hoffe, dass ihr - du und deine Familie - wohlauf seid.

Liebe Grüße

deine Barbara

36. Adressenänderung
(s. auch Brief 79)

Change of address

With effect from / As of 6th September, 2000, Rosalie Smythe will be living at the following address:

13 Crotch Crescent
Knotty Green
Beaconsfield
Bucks HP7 2XS

Tel. Beaconsfield (01494) 832451
Fax Beaconsfield (01494) 833495
E-mail: RSmy@freebie.com

Adressenänderung

Ab 6. September 2000 wird Rosalie Smythe unter folgender Adresse zu erreichen sein:

13 Crotch Crescent
Knotty Green
Beaconsfield
Bucks HP7 2XS

Tel. Beaconsfield (01494) 832451
Fax Beaconsfield (01494) 833495
E-Mail: RSmy@freebie.com

37. Gedruckte Einladung zum Abendessen
(Antwort s. Brief 42)

Rosemary Stanford
requests the pleasure
of your company
at a buffet supper
to be held at
The Old Rectory, Toot Baldon,
on Saturday, 30th November,
at 7.30 p.m.

[Dress:] *Black Ties*

The Old Rectory
Toot Baldon
Oxfordshire
OX44 9JK   RSVP

Rosemary Stanford
würde sich freuen,
Sie zu einem Büfett
begrüßen zu können,
das am Samstag, dem 30. November,
um 19.30 Uhr
im Old Rectory, Toot Baldon
stattfindet.

Abendkleidung

The Old Rectory
Toot Baldon
Oxfordshire
OX44 9JK   u. A. w. g.

38. Informelle Einladung zum Abendessen

(Antwort s. Brief 41)

Dear Amanda and John,

We're having a few friends round for an informal supper at 7.30 p.m. on Saturday, 15th January, and were wondering if you would like to join us. It would be lovely to see you again.

Best wishes,

Ellen and Stephen

Liebe Amanda, lieber John,

am Samstag, dem 15. Januar, laden wir für 19.30 Uhr einige Freunde zu einem zwanglosen Abendessen ein. Wir wollten euch fragen, ob ihr nicht auch kommen wollt. Es wäre sehr schön, euch mal wieder zu sehen.

Beste Grüße

Ellen und Stephen

39. Informelle Einladung zu einer Geburtstagsfeier

You are invited to a [disco] party to celebrate Ray's 40th birthday.

Date: 4th June
Time: 8 p.m. *onwards / till late*
Dress: Casual   RSVP

Anlässlich des 40. Geburtstags von Ray laden wir euch zu einer [Disko-] Party ein.

Datum: 4. Juni
Zeit: *Ab 20h / 20h - Open End*
Kleidung: zwanglos   u. A. w. g.

40. Einladung zu einem Kindergeburtstag

Stephanie
would like to invite
Joe
to her birthday party
on Sunday, 31st May,
at 3 o'clock.

R.S.V.P.

Stephanie möchte
Joe
zu ihrer Geburtstagsfeier
am Sonntag, den 31. Mai,
um 15 Uhr einladen.

u. A. w. g.

41. Formelle Antwort auf eine Einladung zum Abendessen

(Antwort auf Einladung 38)

Jenny and Herbert thank Rosemary for her kind invitation to a buffet supper

Jenny und Herbert möchten sich sehr herzlich bei Rosemary für die

on November 30th, *and have great pleasure in accepting / but [much] regret that they cannot attend due to a prior engagement.*

Einladung am 30. November zu einem Büfett bedanken, *die sie mit großem Vergnügen annehmen / die sie zu ihrem [größten] Bedauern wegen einer vorher getroffenen Verabredung nicht annehmen können.*

42. Informelle Annahme einer Einladung zum Abendessen
(Antwort auf Brief 37, falls nicht telefonisch erfolgt)

Dear Ellen and Stephen,

Thank you very much for your invitation to supper. We'd love to come. As John will be returning from a business trip on that day, we may not get to your place until about 8 o'clock. Hope that's okay!

Look forward very much to seeing you.

Kind regards,

Amanda and John

Liebe Ellen, lieber Stephen,

vielen Dank für eure Einladung zum Essen. Wir kommen sehr gerne! Da John an dem Tag von einer Geschäftsreise zurückkehrt, werden wir wahrscheinlich erst gegen 8 Uhr bei euch sein können. Hoffe, das ist so okay!

Wir freuen uns sehr, euch zu sehen!

Herzliche Grüße

Amanda und John

43. Dank für Einladung zum Abendessen bei Freunden

Dear Ellen and Stephen,

Thank you both for a most enjoyable evening on Saturday. You served up some real delicacies, as ever, and the wines went so well with it all. We did enjoy meeting the Bransons and Andy Walker - they're such nice people. But then all your friends are! It was good to catch up on your news, too.

Liebe Ellen, lieber Stephen,

euch beiden herzlichen Dank für einen höchst amüsanten Samstagabend. Ihr habt wie üblich einige wahre Köstlichkeiten aufgetischt, und die Weine passten wirklich gut dazu. Es hat uns sehr gefreut, die Bransons und Andy Walker kennen zu lernen - es sind wirklich sehr nette Leute, wie eben alle eure Freunde! Es war auch schön, von euch Neues zu hören.

Hope there wasn't too much washing up to do the next morning!

Kind regards,

In der Hoffnung, dass es am nächsten Morgen nicht allzu viel Abwasch gab,

grüßen euch herzlich eure

44. Dank für Einladung zum Abendessen bei Bekannten

(Bei formelleren Angelegenheiten ist es üblich, sich in erster Linie bei der Gastgeberin zu bedanken.)

Dear Rosemary,

Thank you for a marvellous evening on Saturday. You must have put a great deal of work into producing all that food - it was delicious! It was nice to meet so many interesting people. Both Herbert and I enjoyed ourselves thoroughly, and thought you were the perfect hostess.

Many thanks again.

Yours,

Liebe Rosemary,

danke für den wunderschönen Abend am Samstag. Sie müssen sich mit den vielen Speisen sehr viel Mühe gegeben haben - es hat hervorragend geschmeckt! Es war nett, so viele interessante Leute kennen zu lernen. Herbert und ich haben uns außerordentlich gut unterhalten und sind der Meinung, Sie sind die perfekte Gastgeberin!

Nochmals herzlichen Dank.

Ihre

45. Einladung zum Besuch am Wochenende

(Antwort s. Briefe 46, 47)

Dear Hilary,

Would you and Bill like to come and spend a long weekend with us some time? Ronald and I are planning to go to some of the events at the Edinburgh Festival this year, so if you wanted to come in August or September we could go there together.

Let us know what you think. It would be lovely to see you both.

Love and best wishes,

Nancy

Liebe Hilary,

möchtest du mit Bill vielleicht irgendwann ein langes Wochenende bei uns verbringen? Ronald und ich haben vor, dieses Jahr einige der Veranstaltungen des Edinburgh-Festivals zu besuchen. Wenn ihr also im August oder September kommen möchtet, könnten wir zusammen hingehen.

Gebt uns bitte Bescheid, was ihr davon haltet. Es wäre sehr schön, euch beide hier zu haben.

Viele liebe Grüße,

eure Nancy

46. Annahme einer Einladung zum Wochenende

(Antwort auf Brief 45)

Dear Nancy,

Thank you for asking us to come up and spend a weekend with you. We'd love to! I've spoken to Bill, and we thought that the weekend of September 5th/6th would quite suit us. If it's all right with you, we would aim to arrive on Friday the 4th at around tea-time and leave again on Monday or Tuesday morning.

It's certainly been a while since we saw each other and there'll be plenty of news to exchange.

Do let us know if those dates are okay. We would leave the bookings for the Festival to you entirely!

Love to you both,

Hilary

Liebe Nancy,

vielen Dank für die Einladung, ein Wochenende mit euch zu verbringen. Wir kommen sehr gern! Ich habe mit Bill gesprochen, und wir dachten uns, dass das Wochenende am 5./6. September für uns ganz passend wäre. Wenn ihr einverstanden seid, würden wir so planen, dass wir Freitag, den 4., am späten Nachmittag ankommen und am Montag oder Dienstag vormittag wieder abfahren.

Es ist schon eine Weile her, dass wir uns das letzte Mal gesehen haben, und es wird viele Neuigkeiten geben, die wir uns zu erzählen haben.

Sagt uns bitte, ob dieser Termin in Ordnung ist. Wir würden die Reservierungen für das Festival ganz euch überlassen!

Viele liebe Grüße an euch beide

deine Hilary

47. Ablehnung einer Einladung zum Wochenende

(Antwort auf Brief 45)

Dear Nancy,

It was so kind of you to invite us to come and see you, but unfortunately we're going to be inundated with visitors this summer. Mary and her family are coming over from California for five weeks, and then Paul will be having a schoolfriend to stay for two weeks after that. It's going to be quite a busy time!

Liebe Nancy,

wie nett von dir, uns zu einem Besuch einzuladen. Leider werden wir aber in diesem Sommer selber mehr als reichlich Besuch haben. Mary und ihre Familie kommen für fünf Wochen aus Kalifornien, und danach wird ein Schulfreund von Paul zwei Wochen lang hier sein. Es wird eine ziemlich hektische Zeit sein!

Perhaps we could come up some time in the autumn? It means we would miss the Edinburgh Festival, but perhaps we could make up for that another year.

Do let us know if any weekend in October would suit you.

Love,

Hilary

Vielleicht könnten wir irgendwann im Herbst zu euch kommen? Das würde bedeuten, dass wir aufs Edinburgh-Festival verzichten müssen, aber wir könnten es vielleicht in einem anderen Jahr nachholen.

Bitte lasst uns wissen, ob euch ein Wochenende im Oktober passen würde.

Liebe Grüße

Hilary

48. Einladung zum Aufenthalt
(Antwort s. Briefe 49, 50)

Dear Trisha and Joseph,

As Peter and I haven't got any plans for the summer holidays, we were wondering if you might like to come and stay with us for a few weeks. You haven't seen our new house yet, but it's only two miles from the lake and there are lots of nice walks in the area. Also, we can get into Munich very easily for shopping, concerts and so on.

The children will be away at a holiday camp for the first three weeks in August, so that might be a good time to come if you want peace and quiet!

What do you think? We'd love to have you over, and I'm sure you'd find it a restful break from your busy jobs.

Let us know!

With all good wishes,

Liebe Trisha, lieber Joseph,

da Peter und ich für die Sommerferien nichts geplant haben, haben wir uns überlegt, ob ihr uns vielleicht für ein paar Wochen besuchen möchtet. Ihr habt unser neues Haus noch nicht gesehen, aber es liegt nur etwa drei Kilometer vom See entfernt, und in der Gegend kann man viele schöne Spaziergänge machen. Man kommt auch bequem nach München zum Shopping, zu Konzerten usw.

Während der ersten drei Augustwochen werden die Kinder in einem Ferienlager sein. Das würde sich also vielleicht von der Zeit her anbieten, falls ihr ein bisschen Ruhe haben möchtet!

Was haltet ihr davon? Wir würden euch so gerne zu Besuch haben, und für euch wäre es sicherlich eine erholsame Verschnaufpause von euern anstrengenden Jobs.

Gebt uns bitte Bescheid!

Mit allen guten Wünschen

49. Annahme einer Einladung zum Aufenthalt
(Antwort auf Brief 48)

Dear Doris and Peter,

Thank you very much for your invitation to come and stay in Bernried. I've spoken to Joseph about it, and he thinks it's a wonderful idea. He wants to know whether he should bring his fishing gear!

Seriously, though, it would be lovely to spend some time with you in the summer. Would the first fortnight in August be all right with you? That would give you a week to recover before the children get back from their holiday camp (though it would have been nice to see them as well).

If you give us a quick ring (or fax Joseph on 0207-832 7298) to confirm, we can start enquiring about flights. I think it might be a little bit too far to drive.

We look forward to hearing from you!

Best regards,

Liebe Doris, lieber Peter,

vielen herzlichen Dank für eure Einladung zu einem Besuch in Bernried. Ich habe mit Joseph darüber gesprochen, und er hält das für eine wunderbare Idee. Er möchte wissen, ob er seine Angelausrüstung mitbringen soll!

Aber im Ernst, es wäre sehr schön, im Sommer etwas Zeit mit euch zu verbringen. Würden euch die ersten zwei Augustwochen passen? Dann hättet ihr eine Woche, um euch zu erholen, bevor die Kinder aus dem Ferienlager zurückkehren (freilich wäre es schön gewesen, sie auch zu sehen).

Wenn ihr kurz anruft (oder Joseph unter 0207-832 7298 faxt), können wir uns schon nach Flügen erkundigen. Ich glaube, mit dem Auto ist es ein bisschen zu weit.

Wir freuen uns, von euch zu hören!

Herzliche Grüße

50. Ablehnung einer Einladung zum Aufenthalt
(Antwort auf Brief 48)

Dear Doris and Peter,

It was so kind of you to invite us to visit you in Germany in the summer, but we're already planning to go to the States in September to tour the Rocky Mountains and then visit Joseph's

Liebe Doris, lieber Peter,

wie nett von euch, uns im Sommer zu einem Besuch bei euch in Deutschland einzuladen, aber wir haben im September schon eine Reise in die USA vor. Wir wollen durch die Rocky Mountains fahren und danach

uncle in Denver. Unfortunately that will use up most of our holiday entitlement for this year.

Maybe we could postpone it until next summer? We would certainly love to come over some time soon - and you must visit us in London, too.

Thanks again for the offer. We shall certainly take you up on it as soon as we can!

Best regards,

Josephs Onkel in Denver besuchen. Leider werden wir dadurch den größten Teil unseres Urlaubs für dieses Jahr verbraucht haben.

Könnten wir unseren Besuch eventuell auf nächsten Sommer verschieben? Wir möchten auf jeden Fall gern bald einmal rüberkommen - und ihr müsst uns auch in London besuchen.

Nochmals danke für das Angebot. Wir werden, sobald wir können, darauf zurückkommen!

Herzliche Grüße

51. Dank für Gastfreundschaft an Freunde (Wochenendbesuch)

Dear Audrey and Mervyn,

Just a quick note to thank you both for a lovely weekend. You were the perfect hosts, as ever, and Ken and I had a most enjoyable and relaxing time. It's amazing how just a few days in different surroundings and in the company of good friends can help recharge the batteries!

Weren't we lucky with the weather? Apparently, it was raining solidly down here!

Well, that's it for now. Thanks again, and we look forward to seeing you down here some time soon!

Love,

Liebe Audrey, lieber Mervyn,

ein paar kurze Zeilen, um euch beiden für ein herrliches Wochenende zu danken. Ihr wart die perfekten Gastgeber, wie immer, und Ken und ich haben eine sehr angenehme und erholsame Zeit verbracht. Es ist erstaunlich, wie nur ein paar Tage in einer anderen Umgebung und in Gesellschaft guter Freunde helfen können, wieder richtig aufzutanken!

Hatten wir nicht Glück mit dem Wetter? Anscheinend hat es hier unten ununterbrochen geregnet!

Das wär's für dieses Mal. Nochmals vielen Dank. Wir freuen uns darauf, euch bald einmal hier bei uns zu sehen!

Liebe Grüße

52. Dank für Gastfreundschaft an Freunde (Ferienaufenthalt)

Dear Doris and Peter,

Thank you so much for putting us up, feeding us so well and giving us such an enjoyable time in Bernried. It was a complete change for us, and the fresh air on the long walks did us the world of good. What a beautiful part of the world you live in.

We hardly had time to unpack, and it was back to work again. But we are savouring the lovely memories of our holiday.

As we said, next time it's your turn to pay us a visit. Although the air in London isn't quite as clean as in the Bavarian countryside, there are plenty of exciting things to do here!

Thanks again for a really wonderful time.

         With all good wishes,

Liebe Doris, lieber Peter,

vielen herzlichen Dank dafür, dass ihr uns untergebracht, so gut verpflegt und eine so angenehme Zeit in Bernried bereitet habt. Es war für uns mal was ganz anderes, und die frische Luft auf den langen Spaziergängen hat uns außerordentlich gut getan. Ihr lebt wirklich in einer wunderschönen Ecke der Welt.

Kaum hatten wir ausgepackt, und schon begann die Arbeit wieder. Aber wir schwelgen in den schönen Erinnerungen an unseren Urlaub.

Wie gesagt, nächstes Mal seid ihr an der Reihe, uns einen Besuch abzustatten. Obwohl die Londoner Luft nicht so sauber ist wie die auf dem bayrischen Lande, gibt es hier viele hochinteressante Dinge zu unternehmen!

Nochmals vielen Dank für eine wirklich wunderbare Zeit.

         Mit allen guten Wünschen

53. Erinnerung an die Beantwortung eines Briefes
(Antwort s. Brief 54)

Dear Mr Rogers,

I am writing to ask you whether you have had time to consider my letter of June 23rd. It may well be that you are away on holiday, or that your reply has been held up in the post. As you know, however, the matter is rather urgent, so

Sehr geehrter Herr Rogers,

ich wollte mich erkundigen, ob Sie Zeit gehabt haben, sich über meinen Brief vom 23. Juni Gedanken zu machen. Es könnte gut sein, dass Sie im Urlaub sind oder dass Ihre Antwort durch die Post verzögert wurde. Wie Sie jedoch wissen, ist die Angelegen-

perhaps you could let me have a response as soon as possible.

Yours sincerely,

June Mortimer

heit recht dringend. Vielleicht könnten Sie mir daher so bald wie möglich eine Antwort zukommen lassen.

Mit freundlichen Grüßen

June Mortimer

54. Entschuldigung wegen verspäteter Beantwortung eines Briefes
(Antwort auf Brief 53)

Dear Mrs Mortimer,

Please accept my apologies for not having answered your letter earlier. *I have just returned from a trip abroad and found your letter awaiting me here. / Unfortunately I have been in hospital and unable to answer any correspondence.* I will go into the matter you mention and will either write to you or ring you up in the next few days.

Yours sincerely,

Keith Rogers

Sehr geehrte Frau Mortimer,

bitte entschuldigen Sie, dass ich Ihren Brief nicht eher beantwortet habe. *Ich bin gerade von einer Auslandsreise zurückgekehrt und fand Ihren Brief hier vor. / Leider lag ich im Krankenhaus und konnte keine Briefe beantworten.* Ich werde mich mit der von Ihnen erwähnten Angelegenheit befassen und mich in den nächsten Tagen entweder schriftlich oder telefonisch mit Ihnen in Verbindung setzen.

Mit freundlichen Grüßen

Keith Rogers

55. Dasselbe an eine Bekannte

Dear Becky,

I've been meaning to reply to your letter for ages, but I've been so busy *with my book / with the twins* that I haven't written to anyone for months, and hardly even had a chance to ring anyone up. As soon as *I've handed in*

Liebe Becky,

ewig schon habe ich vor, auf deinen Brief zu antworten, aber ich war *mit meinem Buch / mit den Zwillingen* so beschäftigt, dass ich monatelang keinem geschrieben habe und kaum Gelegenheit hatte, irgendwen anzurufen. Sobald *ich das Manuskript im Juni*

the manuscript in June / my mother-in-law comes to give me a hand with the babies I'll write you a long letter with all our news. We're all very well (if exhausted!), and hope things are fine with you, too.

Meanwhile, all our love,

Michelle

eingereicht habe, / meine Schwiegermutter kommt, um mich mit den Kindern zu unterstützen, werde ich dir einen langen Brief mit all unseren Neuigkeiten schreiben. Uns geht es allen bestens (auch wenn wir erschöpft sind!), und wir hoffen, dass es euch ebenfalls gut geht.

Einstweilen viele liebe Grüße

von Michelle

56. Entschuldigung wegen verspäteter Beantwortung einer E-Mail

Dear Judy,

Sorry I haven't replied to your e-mail until now, but the work pressure is so great that I just collapse in front of the TV in the evenings.

So glad you've found a nice flat and are enjoying your new job. How's life in New York? Have you seen much of Manhattan yet? It must be so exciting.

Nothing exciting to report from here, I'm afraid. Everything is revolving around work at the moment. Thanks for your invitation to come and visit - I'd love to, maybe in September when the big project is finished and life returns to normal!

Keep in touch, take care of yourself and don't work too hard!

Love,

Pam

Liebe Judy,

tut mir Leid, dass ich erst jetzt auf dein Mail antworte, aber der Arbeitsdruck ist so intensiv, dass ich mich abends nur noch vor dem Fernseher fallen lasse.

Bin so froh, dass du ein nettes Appartement gefunden hast und dass dir der neue Job gefällt. Wie lebt es sich in New York? Hast du schon viel von Manhattan gesehen? Es muss ja so aufregend sein.

Von hier gibt es leider nichts aufregendes zu melden. Alles dreht sich momentan um die Arbeit. Danke für die Einladung, dich zu besuchen - würde ich liebend gern, vielleicht im September, wenn das große Projekt abgeschlossen ist und sich das Leben wieder normalisiert!

Bleib in Kontakt, pass gut auf dich auf und arbeite nicht zu viel!

Liebe Grüße,

deine Pam

57. Liebesbrief

My darling Samantha,

It was so wonderful to spend a few days with you in the Lake District. I felt closer to you than ever before. It is exciting to discover that we have so many shared interests and can talk about so many different things - all this on top of a great emotional attraction which seems to be getting stronger all the time.

I know how very busy you are with your job, and that the geographical distance between us makes it difficult for us to meet as often as we would like, but I do feel that we ought to try and spend as much time as possible together. I'm sorry to sound so serious, but as far as I'm concerned you are the most marvellous thing that has ever happened to me, and I wouldn't like our blossoming relationship to be jeopardized by the lack of opportunity to be together.

That is why I would like to suggest that you spend some time (say a week or ten days) with me in Berlin. I'd like you to meet my family (they'll tell you what I'm really like!) and get to know the environment in which I grew up. And if you should get fed up with me, there's always plenty to do in this bustling city!

Please say you'll come soon.

With my fondest love,

Samantha, Liebling,

es war so wunderbar, ein paar Tage mit dir im Lake District zu verbringen. Ich fühlte mich dir so nahe wie nie zuvor. Es ist aufregend zu entdecken, dass wir so viele gemeinsame Interessen haben und uns über so viele Dinge unterhalten können - und all dies wird getragen von einer starken emotionalen Anziehung, die immer stärker zu werden scheint.

Ich weiß, wie sehr du mit deinem Beruf beschäftigt bist und dass es die geographische Entfernung zwischen uns schwierig macht, uns so oft, wie wir es wünschen würden, zu treffen. Aber ich meine, dass wir versuchen sollten, so viel Zeit wie möglich zusammen zu verbringen. Verzeih diesen ernsten Ton, aber für mich bist du das wunderbarste Geschöpf, das mir je begegnet ist, und ich möchte nicht, dass unsere blühende Beziehung dadurch gefährdet wird, dass wir uns nur selten sehen können.

Deshalb möchte ich vorschlagen, daß du ein wenig Zeit (sagen wir eine Woche oder zehn Tage) mit mir in Berlin verbringst. Ich möchte, dass du meine Familie kennen lernst (sie werden dir sagen, wie ich wirklich bin!) und dich mit der Umgebung vertraut machst, in der ich aufgewachsen bin. Und wenn du mich satt werden solltest, gibt es in dieser pulsierenden Großstadt immer etwas zu unternehmen!

Bitte sage, dass du bald kommen wirst.

Mit meiner ganzen Liebe

dein

58. Brief zur Beendigung eines Verhältnisses

Dear Darren,

I don't know how to put this, but I know it is going to hurt you [deeply]. I just feel that after what promised to be a happy and *exciting/stimulating* relationship, it turns out that we actually don't have all that much in common. As far as I can see, we are now just getting in each other's way, both as far as our interests go and above all concerning our respective career ambitions.

I hope you will not hold it against me if I suggest that we split up at this stage and go our *separate/different* ways before it becomes *even more / too* difficult to do so. I feel we both have a lot going for us and will in time find real and lasting happiness with *the right / a more suitable* partner.

Thanks for such a good time - it was wonderful while it lasted. I don't think it would help either of us if you tried to get in touch with me.

Cathy

Lieber Darren,

ich weiß nicht, wie ich es sagen soll, aber ich weiß, dass es dir [sehr] weh-tun wird. Ich glaube einfach, nach der Aussicht auf eine glückliche und *auf-regende/anregende* Beziehung stellt sich nun heraus, dass wir doch nicht sehr viel gemeinsam haben. Soweit ich es beurteilen kann, stehen wir uns jetzt einfach im Wege, sowohl was unsere Interessen betrifft als auch im Hinblick auf unsere verschiedenen beruflichen Ambitionen.

Ich hoffe, dass du es mir nicht übel nimmst, wenn ich vorschlage, dass wir uns an dieser Stelle trennen und unse-re *eigenen/unterschiedlichen* Wege gehen, bevor es *noch schwieriger / zu schwierig* wird, dies zu tun. Ich spüre, dass wir beide unsere Qualitäten haben und es nur eine Frage der Zeit ist, wann wir wahres und dauerhaftes Glück mit *dem richtigen / einem pas-senderen* Partner finden werden.

Danke für die schöne Zeit - es war wunderbar, solange unsere Beziehung hielt. Ich glaube, es würde keinem von uns helfen, wenn du versuchst, dich mit mir in Verbindung zu setzen.

Cathy

59. Anfrage wegen Aufnahme in einer Familie

Dear Mrs Kendal,

My friend Frau Bea Krüger has given me your name and address, sug-gesting that you might possibly be

Sehr geehrte Frau Kendal,

meine Bekannte, Frau Bea Krüger, hat mir Ihren Namen und Ihre Adresse gegeben und angedeutet, dass Sie

willing to take our son Paul as a paying guest during the summer holidays.

Paul is 14 years old and has been learning English for the past four years. It is his favourite subject, and he is keen to improve his spoken English and to see something of England. We have four children in all, ranging in age from 10 to 19. I understand your children are of similar ages. Paul is a very sociable child, and we are sure that he would easily fit into a family set-up abroad.

If you were kind enough to consider having him, perhaps you could let me know so that we can discuss arrangements in detail.

Yours sincerely,

Barbara König

eventuell bereit wären, unseren Sohn Paul während der Sommerferien als zahlenden Gast aufzunehmen.

Paul ist 14 Jahre alt und lernt seit vier Jahren Englisch. Es ist sein Lieblingsfach, und ihm liegt sehr viel daran, sein gesprochenes Englisch zu verbessern und auch etwas von England zu sehen. Wir haben insgesamt vier Kinder im Alter von 10 bis 19. Soviel ich weiß, sind Ihre Kinder etwa im gleichen Alter. Paul ist ein sehr geselliger Junge, und wir sind sicher, dass er sich mühelos in eine Familie im Ausland einfügen würde.

Sollten Sie sich freundlicherweise bereit erklären ihn aufzunehmen, würde ich Sie bitten, mir Bescheid zu geben, damit wir dann alles im Einzelnen vereinbaren können.

Mit freundlichen Grüßen

Barbara König

60. Anfrage wegen Schüleraustausch an Familie

Dear Mrs Jones,

I am writing to ask whether you would consider the possibility of an exchange between your daughter and ours. Karin is 15 and has been learning English at school for almost five years. She is very keen to improve her spoken English and would love to spend some time with an English family. For our part, we would be very happy to have your daughter Anne to stay if she felt she would like to improve her German over here and get to know something of the country.

Sehr geehrte Frau Jones,

ich möchte Sie fragen, ob Sie möglicherweise an einem Schüleraustausch zwischen Ihrer und unserer Tochter interessiert sind. Karin ist 15 und lernt an der Schule seit fast fünf Jahren Englisch. Ihr ist sehr daran gelegen, ihr gesprochenes Englisch zu verbessern, und sie würde sehr gerne einige Zeit bei einer englischen Familie verbringen. Was uns betrifft, so würden wir uns freuen, Ihre Tochter Anne bei uns aufzunehmen, falls sie hier drüben ihr Deutsch verbessern und das Land ein bisschen kennen lernen will.

Perhaps Anne could come to us during the Easter holidays and Karin stay with you for part of the summer vacation - or the other way around. We could discuss the details later if you and your husband are at all interested in this suggestion.

If you have already made other plans, but know of another family who might be interested in an exchange, I would be most grateful if you would put me in touch with them.

With best wishes,

Yours sincerely,

Vielleicht könnte Anne während der Osterferien zu uns kommen, und Karin könnte einen Teil der Sommerferien bei Ihnen verbringen - oder umgekehrt. Die Einzelheiten könnten wir später besprechen, falls Sie und Ihr Mann überhaupt an diesem Vorschlag interessiert sind.

Sollten Sie schon andere Pläne haben, aber eine Familie kennen, die eventuell an einem Austausch interessiert ist, wäre ich Ihnen sehr dankbar, wenn Sie mich mit ihr in Verbindung bringen könnten.

Mit besten Wünschen und freundlichen Grüßen

Ihre

II. Briefe geschäftlichen Inhalts

61. Anfrage wegen Schüleraustausch an Vermittlungsbüro

The Educational Exchange Agency
5 Milford Street
London
W11 4CH

Dear Sir or Madam,

I am writing to ask whether you could send me any information about the possibility of an exchange between British and German schoolchildren. We have a son aged 16 who is at grammar school and who would very much like to spend a few weeks with a British family. In return, we would be willing to act as host family to a British boy or girl of a similar age.

If you could give me the address of a suitable family, or advice as to how to find one, I would be most grateful. I would, of course, be willing to supply references and any further details you may require.

Yours faithfully,

Manfred Wiener

The Educational Exchange Agency
(Pädagogischer Austauschdienst)
5 Milford Street
London
W11 4CH

Sehr geehrte Damen und Herren,

ich möchte anfragen, ob Sie mir Informationen über die Möglichkeit eines Austauschs zwischen britischen und deutschen Schülern geben könnten. Wir haben einen 16-jährigen Sohn, der das Gymnasium besucht und sehr gern ein paar Wochen bei einer englischen Familie verbringen möchte. Wir würden dafür gerne als Gastfamilie einen britischen Jungen oder ein britisches Mädchen im ähnlichen Alter aufnehmen.

Wenn Sie mir die Adresse einer geeigneten Familie geben könnten oder mir raten könnten, wie ich eine solche Familie finde, wäre ich Ihnen sehr dankbar. Ich wäre selbstverständlich bereit, Empfehlungen vorzulegen und weitere erwünschte Einzelheiten anzugeben.

Mit freundlichen Grüßen

Manfred Wiener

62. Bitte um Auskunft über Ferienkurse

Dear Sir or Madam,

I would like to take part in a holiday course in England *over Easter / in July or August* with the aim of improving my English. I have been learning English for *two/five* years and would therefore be interested in an *intermediate/advanced* course, if possible one which emphasizes spoken English.

Do the courses offer participants the chance to obtain some sort of certificate at the end? Also, what sort of accommodation is provided?

I would be grateful for any information and advice you can give me.

Yours faithfully,

Sehr geehrte Damen und Herren,

ich würde gern *über Ostern / im Juli oder August* an einem Ferienkurs in England teilnehmen, mit dem Ziel, meine Englischkenntnisse zu verbessern. Ich lerne seit *zwei/fünf* Jahren Englisch und wäre daher an einem Kurs für *fortgeschrittene Anfänger / Fortgeschrittene* interessiert, möglichst mit Schwerpunkt auf dem mündlichen Englisch.

Haben die Teilnehmer der Kurse die Möglichkeit, am Ende eine Art Zeugnis zu erwerben? Und welche Unterkunftsmöglichkeiten gibt es?

Ich bin Ihnen für alle Informationen und Ratschläge dankbar.

Mit freundlichen Grüßen

63. Bewerbung um eine inserierte Aupairstelle

Dear Mrs Williams,

I am writing in response to the au pair post you advertised in "Employment Weekly" of November 19th.

I am 19 years old and have been working as a waitress for three years since leaving school with the equivalent of GCSE qualifications. This summer I passed the Cambridge First Certificate in English, and would now like to spend some time in England improving my knowledge of the language. I get on well with children, and have two younger sisters and a brother.

Sehr geehrte Frau Williams,

ich beziehe mich auf die Aupairstelle, die Sie im „Employment Weekly" vom 19. November annonciert haben.

Ich bin 19 Jahre alt und arbeite seit drei Jahren als Kellnerin, nachdem ich die Schule mit der mittleren Reife abgeschlossen habe. In diesem Sommer erwarb ich das Cambridge First Certificate in Englisch und würde jetzt gerne einige Zeit in England verbringen, um meine Sprachkenntnisse zu verbessern. Mit Kindern komme ich gut zurecht. Ich habe selbst zwei jüngere Schwestern und einen Bruder.

If the post is still vacant, and if it would leave me enough free time to attend English classes, I would be grateful if you could give me some more details. I shall, of course, be glad to supply references and any other information you might require.

Yours sincerely,

Falls die Stelle noch frei ist und mir genügend Zeit für einen Englischkurs bliebe, wäre ich Ihnen für weitere Einzelheiten dankbar. Ich wäre natürlich gern bereit, Empfehlungen vorzulegen und sonstige Informationen zu liefern, die Sie vielleicht benötigen.

Mit freundlichen Grüßen

64. Bewerbung um eine Aupairstelle an ein Vermittlungsbüro

Dear Sir or Madam,

I am writing to enquire whether you know of any au pair post available from September in or around London.

Sehr geehrte Damen und Herren,

ich möchte anfragen, ob Ihnen eine Aupairstelle in oder bei London bekannt ist, die ab September frei wäre.

[2. Absatz wie in Brief 63]

If you can put me in touch with any family which might be interested in employing me on these terms, I would be most grateful.

Yours faithfully,

Wenn Sie mir eine Familie empfehlen könnten, die eventuell daran interessiert ist, mich unter diesen Bedingungen zu beschäftigen, wäre ich Ihnen sehr dankbar.

Mit freundlichen Grüßen

65. Urlaubsstelle gesucht

Dear Sir or Madam,

I am 18 years old and due to take my school leaving exams this July. Before going on to university to study economics, I would like to take a year out and gain some work experience as well as improve my knowledge of English. I am therefore writing to ask whether you might have a suitable vacancy in

Sehr geehrte Damen und Herren,

ich bin 18 Jahre alt und werde dieses Jahr im Juli meine Schulabschlussprüfungen haben. Bevor ich an die Universität gehe, um Volkswirtschaft zu studieren, würde ich gern ein Jahr freinehmen, um etwas berufliche Erfahrung zu sammeln sowie meine Englischkenntnisse zu verbessern. Deshalb frage ich bei Ihnen an, ob eventuell in

your *hotel/restaurant/establishment* from September onwards.

I have had some experience as a waiter through vacation jobs, and my English is quite fluent. If there is no job available for the entire year, I would be happy to consider working on a short-term basis.

I can of course supply references and any other information you may require.

Yours faithfully,

Ihrem *Hotel/Restaurant/Haus* ab September eine passende Stelle frei wäre.

Durch Ferienjobs habe ich einige Erfahrung als Kellner, und ich spreche ziemlich fließend Englisch. Falls keine Stelle für das ganze Jahr frei sein sollte, würde ich auch eine kurzfristige Beschäftigung in Erwägung ziehen.

Selbstverständlich kann ich Ihnen Referenzen und andere Angaben, die Sie benötigen sollten, zukommen lassen.

Mit freundlichen Grüßen

66. Stellung gesucht

Dear Sir or Madam,

I have recently *completed my secretarial training / graduated from university / completed a three-year degree in business management* and would very much like to take up a post abroad, preferably in Britain. I wonder if there is likely to be any opening in your firm in the near future?

I enclose a CV and would be happy to forward copies of my certificates, references and any other information you might require.

As part of *my training / my degree* I learnt English to an advanced level and feel confident of my ability to express myself accurately and idiomatically, both verbally and in writing.

I look forward to hearing from you.

Yours faithfully,

Sehr geehrte Damen und Herren,

ich habe vor kurzem *meine Ausbildung als Sekretärin abgeschlossen / mein Universitätsstudium erfolgreich abgeschlossen / ein dreijähriges Studium der Betriebswirtschaft absolviert* und würde sehr gerne eine Stelle im Ausland antreten, vorzugsweise in Großbritannien. Besteht die Möglichkeit, dass in naher Zukunft in Ihrer Firma eine Stelle frei wird?

Ich lege meinen Lebenslauf bei und bin gern bereit, Ihnen Kopien meiner Zeugnisse, Referenzen und sonstige Informationen, die Sie benötigen sollten, zuzuschicken.

Im Zuge *meiner Ausbildung / meines Studiums* erreichte ich in Englisch ein Fortgeschrittenenniveau und fühle mich in der Lage, mich sowohl mündlich als auch schriftlich präzise und idiomatisch auszudrücken.

Ich würde mich freuen, von Ihnen zu hören.

Mit freundlichen Grüßen

67. Bewerbung um eine inserierte Stellung als (Chef-)Sekretärin

Dear Sir or Madam,

I would like to apply for the post of *bilingual secretary / personal assistant* which you advertised in the current issue of "Heute".

I am 32 years old and have been working *in this capacity for / as a PA to a senior director of* Millennia GmbH, Düsseldorf, for the last five years. My responsibilities include *dealing with all correspondence in English and French and the day-to-day running of the office / arranging board meetings, maintaining contact with European partners and general organizational duties at a senior level.* I have [advanced] word processing skills, specifically with the Word for Windows program, but could easily adapt to another program if required.

Enclosed you will find further details of my training and earlier experience as well as copies of two references. Further referees can be named if desired.

If my qualifications meet your requirements, I would be pleased to receive further details about the post and the salary you are offering.

I would be happy to come for an interview at any time that is convenient to you.

Yours faithfully,

Sehr geehrte Damen und Herren,

hiermit möchte ich mich um die Stelle als *Fremdsprachensekretärin/Chefsekretärin* bewerben, die Sie in der letzten Ausgabe von „Heute" annonciert haben.

Ich bin 32 Jahre alt und habe in den letzten fünf Jahren *in dieser Funktion für die / als Direktionsassistentin der* Millennia GmbH, Düsseldorf gearbeitet. Zu meinem Aufgabenbereich gehören *die Erledigung sämtlicher Korrespondenz in englischer und französischer Sprache und die Organisation der täglichen Büroarbeit / die Organisation von Vorstandssitzungen, Kontaktpflege zu europäischen Partnern und allgemeine Organisationsaufgaben auf höherer Ebene.* Ich verfüge über [fortgeschrittene] Textverarbeitungskenntnisse, genauer gesagt, über Kenntnisse im Umgang mit Word für Windows, könnte mir aber, falls erforderlich, sehr leicht ein anderes Programm aneignen.

Anbei finden Sie weitere Einzelheiten über meine Ausbildung und Berufserfahrung sowie Kopien zweier Referenzen. Weitere Referenzen können, falls erwünscht, beigebracht werden.

Wenn meine Qualifikationen Ihren Vorstellungen entsprechen, wäre ich dankbar, weitere Einzelheiten über die Stelle sowie Ihr Gehaltsangebot zu erfahren.

Ich wäre gern bereit, zu einem von Ihnen genannten Zeitpunkt zu einem Vorstellungsgespräch zu erscheinen.

Mit freundlichen Grüßen

68. Anfrage zu einem Studienplatz

The Registrar,
University of North Dorset,
Academia Grove,
Sherborne,
Dorset
DT9 5AW

Dear Sir,

I am a history student in my fourth semester at the University of Tübingen and would very much like to spend a year at your University furthering my studies in an English academic environment. I would therefore be grateful if you could tell me under what conditions this would be possible.

I would be particularly interested in any information about grants or scholarships available to students from abroad. Could you also tell me whether accommodation would be available in a hall of residence at the university?

If you would be kind enough to send me information about accommodation and tuition costs as well as the relevant application forms, I would be most grateful.

Yours faithfully,

An den Kanzler
der Universität North Dorset
Academia Grove
Sherborne
Dorset
DT9 5AW

Sehr geehrter Herr Kanzler,

ich bin Student der Geschichte im vierten Semester an der Universität Tübingen und würde sehr gern ein Jahr an Ihrer Universität verbringen, um mein Studium in einer englischen akademischen Umgebung weiterzuführen. Daher wäre ich Ihnen dankbar, wenn Sie mir sagen könnten, unter welchen Bedingungen dies möglich wäre.

Insbesondere wüsste ich gern Näheres über Stipendien, die für Studenten aus dem Ausland zur Verfügung stehen. Könnten Sie mir weiterhin sagen, ob eine Unterkunft in einem Studentenwohnheim an der Universität verfügbar wäre?

Ich wäre Ihnen sehr dankbar, wenn Sie mir Informationen über Unterkunft und Studiengebühren sowie die nötigen Antragsformulare zusenden würden.

Mit freundlichen Grüßen

69. Anfrage wegen Famulatur an einem Krankenhaus

Dr Rashid Ali
Adderbite's Hospital
Venom Close
Upwell
Cambridgeshire
CB9 4BW

Dear Dr Ali,

I am writing to you on the recommendation of Dr Werner Klein of the University Hospital in Leipzig to enquire whether it would be possible for me to spend a period of six to twelve weeks in your department of Adderbite's Hospital as part of a medical internship.

I have been studying medicine at Leipzig University for eight semesters and am due to take my medical finals next June, after which I aim to specialize in toxicology. Therefore, I would be interested in doing an internship some time between the beginning of July and the end of September next year.

I would be most grateful if you could consider my request and send me any relevant application forms, as well as information on accommodation etc. At the same time I am applying to a German organization for a grant to cover part of the cost of a stay abroad. I would not expect any payment from Adderbite's Hospital.

Dr Klein asks me to send his warm regards.

Yours sincerely,

Dr. Rashid Ali
Adderbite's Hospital
Venom Close
Upwell
Cambridgeshire
CB9 4BW

Sehr geehrter Herr Dr. Ali,

auf Empfehlung von Herrn Dr. Werner Klein von der Universitätsklinik Leipzig möchte ich mich bei Ihnen danach erkundigen, ob ich für sechs bis zwölf Wochen in Ihrer Abteilung im Adderbite's Hospital einen Teil meiner medizinischen Famulatur absolvieren könnte.

Ich studiere seit acht Semestern Medizin an der Universität Leipzig und werde meine medizinischen Abschlussprüfungen im nächsten Juni absolvieren. Danach möchte ich mich auf den Bereich Toxikologie spezialisieren. Daher wäre mir daran gelegen, irgendwann zwischen Anfang Juli und Ende September nächsten Jahres zu famulieren.

Ich wäre Ihnen äußerst dankbar, wenn Sie mein Ersuchen erwägen würden und mir die relevanten Antragsformulare sowie Informationen über Unterkunft usw. schicken könnten. Gleichzeitig bewerbe ich mich bei einer deutschen Organisation um ein Stipendium, das die Kosten eines Auslandsaufenthalts teilweise abdecken könnte. Vom Adderbite's Hospital würde ich also keine Vergütung erwarten.

Von Herrn Dr. Klein soll ich Sie herzlich grüßen.

Hochachtungsvoll

70. Tabellarischer Lebenslauf

(Der handgeschriebene Lebenslauf ist in den englischsprachigen Ländern nicht üblich.)

PERSONAL DETAILS

Name:	Peter West
Address:	Heidweg 14 45125 Essen Germany
Date of birth:	15th July, 1965
Marital status:	Single
Nationality:	German

EDUCATION

1978-83	Martin-Luther-Gymnasium Heidelberg Germany
1981	Mittlere Reife (roughly equivalent to GCSEs)
1983	Abitur (roughly equivalent to GCE A levels) Overall grade: 2
1983-88	University of Würzburg 1st state examination in History and Economics Overall grade: 1.5

WORK EXPERIENCE

1988-90	Research Assistant in the Department of Economics, University of Munich
1990-	Assistant Editor "Handelsblatt" magazine

HOBBIES AND
INTERESTS   Paragliding, theatre, cooking

REFEREES

Professor Reinhard Klug   Dr Maximilian Grockl
Department of Economics   Schillerstrasse 27
University of Munich   D-45096 ESSEN
D-80799 MUNICH

ANGABEN ZUR PERSON

Name:	Peter West
Adresse:	Heidweg 14
	45125 Essen
	Deutschland
Geburtsdatum:	15. Juli 1965
Familienstand:	ledig
Nationalität:	deutsch

AUSBILDUNG

1978-83	Martin-Luther-Gymnasium
	Heidelberg
	Bundesrepublik Deutschland
1981	Mittlere Reife (entspricht etwa den „GCSEs")
1983	Abitur (entspricht etwa den „GCE A levels")
	Gesamtnote: 2
1983-88	Universität Würzburg
	1. Staatsexamen in
	Geschichte und Wirtschaft
	Gesamtnote: 1,5

BISHERIGE TÄTIGKEIT

1988-90	Wissenschaftlicher Assistent am
	Institut für Wirtschaft, Universität München
1990-	Redakteur beim „Handelsblatt"-Magazin

HOBBYS UND
INTERESSEN   Gleitschirmfliegen, Theater, Kochen

REFERENZEN

Prof. Dr. Reinhard Klug   Dr. Maximilian Grockl
Institut für Wirtschaft   Schillerstraße 27
Universität München   D-45096 ESSEN
D-80799 MÜNCHEN

71. Bitte um Empfehlungsschreiben

Dear Dr Marlow,

I am applying for a secretarial post in the City of London and would be most grateful *if I could put your name forward as a referee / if you would write me a reference*. I am enclosing a copy of the advertisement to give you some idea of what the post involves.

I look forward to hearing from you.

Best regards,

Sally Browne

Lieber Herr Dr. Marlow,

ich bewerbe mich um eine Sekretärinnenstelle in der Londoner City und wäre Ihnen sehr dankbar, *wenn ich unter „Referenzen" Ihren Namen nennen dürfte / wenn Sie mir eine Empfehlung schreiben könnten*. Beiliegend finden Sie eine Kopie der Annonce, damit Sie sich eine Vorstellung von der Art der Stelle machen können.

In Erwartung Ihrer Antwort verbleibe ich mit den besten Wünschen

Ihre Sally Browne

72. Empfehlungsschreiben 1

To whom it may concern

Ms Sally Browne has asked me for a reference, which I am glad to supply.

Ms Browne *has been in my employment / has worked for my department* for the past three years. She is an extremely pleasant young lady who can be relied upon to carry out her tasks efficiently, quickly and with unfailing cheerfulness. She has accurate typing skills and approaches her work in a systematic and intelligent manner.

I have no hesitation in recommending Ms Browne to any future employer.

Dr James Marlow
Marketing Manager

Referenz

Frau Sally Browne hat mich um ein Zeugnis gebeten, das ich ihr gern ausstelle.

Frau Browne *ist seit drei Jahren in unserem Unternehmen tätig / arbeitet seit drei Jahren in unserer Abteilung.* Sie ist eine äußerst freundliche junge Dame. Es ist stets darauf Verlass, dass sie ihre Aufgaben gründlich, schnell und immer gut gelaunt ausführt. Sie verfügt über perfekte Schreibmaschinenkenntnisse und geht mit Systematik und Intelligenz an ihre Arbeit heran.

Ich habe keine Bedenken, Frau Browne einem künftigen Arbeitgeber zu empfehlen.

Dr. James Marlow
Vertriebsleiter

73. Empfehlungsschreiben 2

To whom it may concern

Mr Martin Sauter has been working in my department for four years. During this time he has proved himself to be a *conscientious / hardworking / reliable / creative / highly motivated* employee. He has a *quiet manner / likeable personality / good sense of humour,* which is a great asset particularly at times of pressure.

Mr Sauter is liked by his superiors and peers alike, and works extremely well in a team. I can highly recommend him for any future job which requires responsibility and *initiative / imagination / creativity / commitment.*

Referenz

Herr Martin Sauter arbeitet seit vier Jahren in meiner Abteilung. Während dieser Zeit hat er sich als *gewissenhafter / fleißiger / zuverlässiger / kreativer / hoch motivierter* Mitarbeiter erwiesen. Er *hat eine ruhige Art / ist eine sympathische Persönlichkeit / hat einen guten Sinn für Humor,* was besonders in Zeiten starker Arbeitsbelastung von großem Vorteil ist.

Herr Sauter ist bei seinen Vorgesetzten und Kollegen gleichermaßen beliebt und versteht sich ausgesprochen gut auf Teamarbeit. Ich kann ihn für jede zukünftige Stelle, die Verantwortungsbewusstsein sowie *Initiative / Phantasie / Kreativität / Engagement* erfordert, bestens empfehlen.

74. Bitte um Auskunft beim Verkehrsamt

Dear Sirs,

As my family and I are planning to spend four weeks touring Scotland in August, I would be most grateful for any information and advice you may have on car hire, accommodation and ferry links to the Western Isles. We are also considering the possibility of hiring a caravan.

We intend to fly from Hamburg to Glasgow and pick up a vehicle at the airport. I would appreciate your advice as to how best to organize this.

Yours faithfully,

Sehr geehrte Damen und Herren,

da meine Familie und ich vorhaben, im August eine vierwöchige Schottlandreise zu unternehmen, wäre ich Ihnen äußerst dankbar, wenn Sie mir Informationen und Empfehlungen über Autovermietung, Unterkünfte sowie Fährenverbindungen zu den Western Isles schicken könnten. Wir erwägen auch die Möglichkeit, einen Wohnwagen zu mieten.

Wir planen, von Hamburg nach Glasgow zu fliegen und am Flughafen ein Auto zu mieten. Ich wäre für Ihren Ratschlag dankbar, wie wir dies am besten organisieren könnten.

Mit freundlichen Grüßen

75. Anfrage an ein Hotel

Paradise House
Lyme Regis
Dorset
DT7 5PX

Dear Sir or Madam,

I would be grateful if you could tell me whether you have any [non-smoking] double rooms with bath or shower available from August 5th - 21st, and what your terms are for bed and breakfast, half-board and full board respectively. [*Also, as my wife is disabled, I would be interested to know whether there is wheelchair access to your hotel. / Also, could the room accommodate a baby's cot, and if so, do you charge extra for young children?*]

Yours faithfully,

Paradise House
Lyme Regis
Dorset
DT7 5PX

Sehr geehrte Damen und Herren,

ich wäre Ihnen dankbar, wenn Sie mir sagen könnten, ob bei Ihnen vom 5.- 21. August ein Doppelzimmer [(Nichtraucher)] mit Bad oder Dusche frei ist und wie für Übernachtung und Frühstück, Halbpension bzw. Vollpension die jeweiligen Konditionen sind. [*Da meine Frau behindert ist, hätte ich gern weiterhin gewusst, ob Ihr Hotel für Rollstuhlfahrer geeignet ist. / Könnte man im Zimmer ein Kinderbett aufstellen, und wenn ja, muss für Kleinkinder ein Aufschlag bezahlt werden?*]

Mit freundlichen Grüßen

76. Buchung eines Hotelzimmers

Dear Sir or Madam,

Would you please book a single room with bath or shower for me for the nights of September 5th and 6th. I would be grateful if you could let me know your terms.

Yours faithfully,

Sehr geehrte Damen und Herren,

würden Sie mir bitte für zwei Nächte vom 5.-7. September ein Einzelzimmer mit Bad oder Dusche reservieren? Ich wäre Ihnen dankbar, wenn Sie mir Ihre Konditionen mitteilen würden.

Mit freundlichen Grüßen

77. Bestätigung einer telefonischen Zimmerbestellung

Dear Ms Smith,

I write further to our telephone conversation of this morning to confirm that I should like to reserve a *twin-bedded/double/single* room with *bath/shower* [and sea view] from September 4th to 16th (12 nights). I understand the rate per night including breakfast [and dinner] will be £58 [per person].

Yours faithfully,

Sehr geehrte Frau Smith,

ich beziehe mich auf unser Telefongespräch von heute Morgen, in dem ich für die Zeit vom 4. bis 16. September (12 Übernachtungen) ein *Zweibett-/Doppel-/Einzelzimmer* mit *Bad/Dusche* [und Seeblick] reserviert habe. Wie Sie mir sagten, liegt der Preis bei £58 [pro Person] für eine Übernachtung mit Frühstück [und Abendessen].

Mit freundlichen Grüßen

78. Abbestellung eines Hotelzimmers

The Manager
Grockle Park
Falmouth
Cornwall
TR11 5PX

Dear Sir or Madam,

I would be grateful if you could cancel the reservation I made for the nights of March 21st and 22nd. Unfortunately I have had to postpone my visit to Cornwall indefinitely, so I shall not be able to use the room after all. [I would appreciate it if you could advise me as to whether my deposit can be returned.] My apologies for having inconvenienced you.

Yours faithfully,

An die Direktion
Grockle Park
Falmouth
Cornwall
TR11 5PX

Sehr geehrte Damen und Herren,

ich wäre Ihnen dankbar, wenn Sie meine Reservierung für zwei Nächte vom 21. bis 23. März streichen würden. Leider musste ich meinen Besuch in Cornwall bis auf weiteres verschieben, sodass ich das Zimmer doch nicht in Anspruch nehmen kann. [Wären Sie so nett, mir mitzuteilen, ob meine Anzahlung rückerstattet werden kann?] Es tut mir Leid, dass ich Sie umsonst bemüht habe.

Mit freundlichen Grüßen

79. Beanstandung einer Hotelrechnung

The Manager
Scrooge's Den
Porlock Weir
Somerset
TA5 4TD

Dear Sir,

On going through my hotel bill for the nights of May 19 - 21, I discover that I have been charged for two items from the minibar which I did not have. The only drink I took from the minibar was a bottle of beer at £1.65, for which I have been correctly charged.

I would be grateful if you could refund the sum of £5.70 which seems to have been erroneously added to my account.

Yours faithfully,

An den Direktor
Scrooge's Den
Porlock Weir
Somerset
TA5 4TD

Sehr geehrter Herr Direktor,

beim Durchsehen meiner Hotelrechnung für die Nächte vom 19. bis einschließlich 21. Mai fiel mir auf, dass mir zwei Posten aus der Minibar berechnet wurden, die ich nicht beansprucht habe. Das einzige Getränk, das ich aus der Minibar entnommen habe, war eine Flasche Bier zu £1.65, die mir korrekterweise berechnet wurde.

Ich wäre Ihnen dankbar, wenn Sie mir die Summe von £5.70 erstatten könnten, mit der meine Rechnung wohl irrtümlicherweise belastet worden ist.

Mit freundlichen Grüßen

80. Anfrage wegen Ferienhaus

Dear Sir or Madam,

My family and I are planning to spend a holiday in Cornwall this August, and I would be grateful if you could tell me whether you know of any furnished cottage or flat which might be available at that time. We would like to be near the sea and would need two double bedrooms, as well as the use of linen, cutlery etc.

Sehr geehrte Damen und Herren,

meine Familie und ich haben vor, dieses Jahr im August unseren Urlaub in Cornwall zu verbringen, und ich wäre Ihnen dankbar, wenn Sie mir mitteilen könnten, ob Sie ein möbliertes Cottage bzw. eine möblierte Wohnung empfehlen können, die zu dieser Zeit frei wäre. Wir hätten gern zwei Doppelzimmer in Strandnähe. Bettwäsche, Essbesteck usw. müssten vorhanden sein.

If you have anything suitable on your books, perhaps you would be so kind as to let me know the terms.

Yours faithfully,

Wenn Sie etwas Geeignetes für uns haben sollten, wären wir Ihnen dankbar, wenn Sie uns die Konditionen nennen würden.

Mit freundlichen Grüßen

81. Mieten eines Hauses / einer Wohnung

Rent-a-House
15 Fleece Avenue
Hampstead
NW3 7AT

Dear Sirs,

I would like to rent *a furnished house / an unfurnished flat* with two to three bedrooms in or near Highgate for a year, from September. I would be grateful if you could tell me whether you know of anything that might be available, and the approximate price.

Yours faithfully,

Rent-a-House
15 Fleece Avenue
Hampstead
NW3 7AT

Sehr geehrte Damen und Herren,

ich würde gern ab September für ein Jahr *ein möbliertes Haus / eine unmöblierte Wohnung* mit zwei bis drei Schlafzimmern in oder bei Highgate mieten. Ich wäre Ihnen dankbar, wenn Sie mir sagen könnten, ob etwas Entsprechendes frei ist und wie hoch die Miete in etwa wäre.

Mit freundlichen Grüßen

82. Vermieten eines Hauses

Dear Sir or Madam,

I see from your advertisement in yesterday's "Süddeutscher Kurier" that you are looking for a furnished house or flat near the Chiemsee to rent during July and August. I think we may have something suitable. The house is situated in a very pleasant part of Breitbrunn, just 15 minutes' walk from the lake. It has three bedrooms (one

Sehr geehrte Damen und Herren,

aus Ihrer Annonce im gestrigen „Süddeutschen Kurier" entnehme ich, dass Sie für Juli und August ein möbliertes Haus bzw. eine möblierte Wohnung in der Nähe vom Chiemsee mieten möchten. Ich denke, wir haben eventuell etwas Geeignetes für Sie. Das Haus befindet sich in einer sehr attraktiven Gegend von Breitbrunn, nur 15 Gehminuten vom See entfernt.

double, two single) and a small garden with terrace. It is well appointed throughout. The cost would be € 1,800 per calendar month.

If you are interested, perhaps you would get in touch with me as soon as possible. I should of course be happy to give you any further details about the house and the location which you may require.

Yours faithfully,

Es hat drei Schlafzimmer (eins mit Doppelbett, zwei mit Einzelbett) und einen kleinen Garten mit Terrasse. Das Haus ist durchweg gut ausgestattet. Die Miete würde € 1800 pro Kalendermonat betragen.

Falls Sie Interesse haben, würden Sie sich bitte so bald wie möglich mit mir in Verbindung setzen? Ich wäre natürlich gern bereit, Ihnen weitere Einzelheiten über das Haus und die Lage mitzuteilen, die für Sie von Interesse sein könnten.

Mit freundlichen Grüßen

83. Mieten eines Ferienhauses

Dear Mrs Kilday,

I write regarding your advertisement in *The Times* about a holiday cottage in South Wales. My family and I would be interested in renting your cottage from August 4 to September 16, if it is still available then. Would it be possible for you to send us more detailed information about the property and the local amenities.

Many thanks,

Yours sincerely,

Sehr geehrte Frau Kilday,

ich nehme Bezug auf Ihre Annonce in *The Times* über ein Ferienhaus in Südwales. Meine Familie und ich wären daran interessiert, Ihr Haus vom 4. August bis 16. September zu mieten, falls es für diese Zeit noch frei ist. Wäre es Ihnen möglich, uns nähere Einzelheiten über das Haus sowie die örtlichen Einkaufs- und Transportmöglichkeiten usw. zu schicken?

Mit bestem Dank und freundlichen Grüßen

84. Bitte um Nachsendung eines vergessenen Gegenstandes

Dear Sir or Madam,

I attended a conference at your centre last week (Society for Amnesia and other Memory Disorders) and on returning home I discovered that I must

Sehr geehrte Damen und Herren,

letzte Woche besuchte ich in Ihrem Zentrum eine Konferenz („Gesellschaft für Amnäsie und andere Gedächtnisstörungen") und entdeckte bei meiner Heimkehr, dass ich meine Ak-

have left my document case some-where on your premises. It is a bur-gundy-coloured leather case and it contained various papers relating to the conference.

If anyone has found the case and hand-ed it in, I would be most grateful if you could send it to me at the above address. I would of course reimburse you for postage and packing.

Thank you for your help.

Yours faithfully,

tenmappe wohl irgendwo auf Ihrem Gelände habe liegen lassen. Es handelt sich um eine weinrote Ledermappe, die diverse Konferenzunterlagen ent-hielt.

Falls die Mappe von jemandem gefun-den und abgegeben worden ist, wäre ich Ihnen äußerst dankbar, wenn Sie sie mir an oben genannte Adresse schicken könnten. Ich würde Ihnen selbstverständlich die Kosten für Porto und Verpackung zurückerstatten.

Mit bestem Dank für Ihre Hilfe und freundlichen Grüßen

85. Anfrage an ein Fundbüro

Dear Sirs,

On Saturday I travelled from Birming-ham to Warwick on the 11.30 a.m. National Express coach and later dis-covered that I had left a plastic shop-ping bag in the rack. It contained a dark blue sweater, a German-English dictionary and a notepad and pen. If it has been returned to your lost property office, *perhaps you would be kind enough to let me know so that I can arrange for a friend to collect it for me. / would it be possible for you to send it to me at the above address? I would of course refund the cost of postage and packing.*

Yours faithfully,

Sehr geehrte Damen und Herren,

am Samstag fuhr ich mit dem Na-tional-Express-Bus 11.30 Uhr von Bir-mingham nach Warwick und bemerkte später, dass ich eine Plastik-Einkaufs-tüte in der Gepäckablage liegen gelas-sen hatte. Sie enthielt einen dunkel-blauen Pullover, ein deutsch-engli-sches Wörterbuch, einen Schreibblock und einen Kuli. Für den Fall, dass die Gegenstände in Ihrem Fundbüro abge-geben worden sind: *Wären Sie viel-leicht so freundlich, mir dies mitzutei-len, damit ein Bekannter sie für mich abholen kann? / Wäre es möglich, sie an obige Adresse zu schicken? Ich würde selbstverständlich die Kosten für Porto und Verpackung erstatten.*

Mit freundlichen Grüßen

86. Buchung von Konzert-, Theaterkarten usw.

Beethovengasse 13
A-1030 Vienna
Austria

The Box Office
Everyman Theatre
St. Peter's Lane
London
WC1 7AD

Dear Sir or Madam,

I shall be in London during the week of March 4th - 12th and would like to book two tickets for the performance of *Macbeth / Peter Grimes / La Bohème* on Saturday the 10th. I would prefer seats in the *stalls / upper circle / dress circle*, if possible. If this performance should be fully booked, I would appreciate it if you could reserve two tickets for the Friday performance.

My credit card number for payment is Visa No. 12345 678. *I shall collect the tickets from the box office on arrival. / I would be grateful if you could send the tickets to me at the above address.*

Yours faithfully,

S. Weber (Mrs)

S. Weber
Beethovengasse 13
A-1030 Wien

The Box Office
Everyman Theatre
St. Peter's Lane
London
WC1 7AD

Sehr geehrte Damen und Herren,

da ich in der Woche vom 4.-12. März in London sein werde, möchte ich für Samstag, den 10. März, zwei Karten für die Aufführung *Macbeth / Peter Grimes / La Bohème* reservieren lassen. Wenn möglich, würde ich gern Plätze im *Parkett / ersten Rang / zweiten Rang* nehmen. Sollte diese Vorstellung ausgebucht sein, wäre ich dankbar, wenn Sie mir zwei Karten für die Freitagsvorstellung reservieren könnten.

Ich zahle mit Visa, Kartennummer: 12345 678. *Ich werde die Karten bei Ankunft an der Kasse abholen. / Ich wäre Ihnen dankbar, wenn Sie mir im Voraus die Karten an o. g. Adresse schicken könnten.*

Mit freundlichen Grüßen

(Frau) S. Weber

87. Warenbestellung

Dear Sir or Madam,

Would you please send me two large Fair Isle sweaters as advertised in the "Gutter on Sunday" supplement on November 23rd. I enclose a cheque for € 163.40 to cover the cost, including postage and packing.

Yours faithfully,

Sehr geehrte Damen und Herren,

würden Sie mir bitte zwei große Fair-Isle-Pullover zusenden, wie sie in der Beilage zum „Gutter on Sunday" vom 23. November angezeigt waren. Zur Deckung der Kosten inkl. Porto lege ich einen Scheck über € 163,40 bei.

Mit freundlichen Grüßen

88. Zeitungsabonnement

Dear Sir or Madam,

I would like to take out *a year's / six months'* subscription to *Goodbye Magazine / The Grauniad Weekly* and enclose a cheque to cover the cost including postage.

Yours faithfully,

Sehr geehrte Damen und Herren,

ich würde gern das *„Goodbye Magazine" / „The Grauniad Weekly"* *für ein Jahr / ein halbes Jahr* abonnieren und füge zur Deckung der Kosten inkl. Porto einen Scheck bei.

Mit freundlichen Grüßen

89. Reklamation 1

Matthew Stevens and Sons
56 Palmer Street
Edinburgh
EH9 5AQ

Dear Sirs,

On June 18th I purchased a Spontax L1000 camera body and two lenses from your shop (please see enclosed copy of the receipt). Whilst I am very happy with the lenses, the camera body has unfortunately proved faulty. The back sometimes springs open of its

Matthew Stevens und Söhne
56 Palmer Street
Edinburgh
EH9 5AQ

Sehr geehrte Herren,

am 18. Juni habe ich in Ihrem Geschäft ein Kameragehäuse „Spontax L1000" und zwei Objektive (siehe beiliegende Kopie der Rechnung) gekauft. Mit den Objektiven bin ich sehr zufrieden, das Kameragehäuse allerdings hat sich leider als defekt erwiesen. Die Rückwand springt manchmal von alleine auf und

own accord, exposing the film in the camera.

As the camera is under warranty, I would be grateful if you could have the fault repaired or replace the camera for me.

Yours faithfully,

belichtet dadurch den Film in der Kamera.

Da auf die Kamera noch Garantie ist, wäre ich Ihnen dankbar, wenn Sie den Defekt reparieren lassen bzw. mir die Kamera ersetzen würden.

Mit freundlichen Grüßen

90. Reklamation 2

Dear Sir or Madam,

Two weeks ago I purchased a silk blouse from your Regent Street branch (see enclosed receipt). When it came to washing it, I followed the instructions carefully. Nevertheless, the blouse shrank considerably as a result of washing and is no longer wearable. The price I paid for this blouse led me to believe I was buying a quality article. I would therefore *ask you for a refund / ask to have my money refunded.*

Please let me know what you would like me to do with the blouse. / I am sending the blouse under separate cover.

Yours faithfully,

Sehr geehrte Damen und Herren,

vor zwei Wochen kaufte ich in Ihrer Filiale in der Regent Street eine Seidenbluse (siehe beiliegende Rechnung). Als ich sie das erste Mal waschen musste, hielt ich mich genau an die Anweisungen. Trotzdem ist die Bluse durch das Waschen deutlich eingelaufen, sodass ich sie nicht mehr tragen kann. Der Preis, den ich für die Bluse zahlte, ließ mich annehmen, dass ich einen Qualitätsartikel erwerbe. Deshalb würde ich Sie *um eine Rückerstattung der Kosten bitten / bitten, mir mein Geld zurückzuerstatten.*

Bitte teilen Sie mir mit, was ich nun mit der Bluse machen soll. / Ich schicke die Bluse mit getrennter Post.

Mit freundlichen Grüßen

91. Rechnungsbeanstandung bei einer Autowerkstatt

Dear Sirs,

A week ago I left my car with you for two days. When I collected it, I found very little improvement in the engine

Sehr geehrte Herren,

vor einer Woche hatte ich meinen Wagen bei Ihnen für zwei Tage zur Inspektion. Als ich ihn abholte, konnte ich kaum eine Verbesserung hinsicht-

rattle and therefore returned it for a further investigation. The fact that it has been necessary for me to leave my car with you twice does not, in my opinion, justify you in charging me for both repairs. I see no reason why I should pay the additional cost of work for a job that was badly done in the first place.

You will appreciate, therefore, that I was most surprised to receive your large bill this morning. Your original estimate was only half of what you are now asking me to pay.

Under the circumstances, I would thus be grateful if you could revise your bill in the light of this letter.

Yours faithfully,

lich der klappernden Motorgeräusche feststellen und brachte ihn deshalb erneut zur Durchsicht. Die Tatsache, dass ich meinen Wagen zweimal in Ihre Werkstatt bringen musste, rechtfertigt indes meines Erachtens nicht, dass Sie mir beide Reparaturen in Rechnung stellen. Ich sehe keinen Grund, weshalb ich für die zusätzlichen Kosten, die aus einer ursprünglich schlecht ausgeführten Arbeit entstanden, aufkommen sollte.

Sie werden daher sicherlich verstehen, dass mich die Höhe der Rechnung, die ich heute Morgen von Ihnen erhielt, höchst überrascht hat. Ihre ursprüngliche Schätzung belief sich auf die Hälfte dessen, was Sie jetzt von mir verlangen.

Unter diesen Umständen wäre ich Ihnen dankbar, wenn Sie Ihre Rechnung auf der Grundlage dieses Briefs ändern würden.

Mit freundlichen Grüßen

92. Umzug

Move Over,
148-152 London Road,
Camberley,
Surrey,
GU13 5HN

Dear Sir or Madam,

I am told that you operate a regular removal service between Britain and the Continent. As my family and I will be moving from Cologne to St Albans in September, I would be grateful if you could send a representative to assess the volume of furniture and per-

Move Over
148-152 London Road
Camberley
Surrey
GU13 5HN

Sehr geehrte Damen und Herren,

wie ich erfahren habe, bieten Sie einen regelmäßigen Umzugsservice zwischen Großbritannien und dem europäischen Kontinent an. Da meine Familie und ich im September von Köln nach St. Albans umziehen werden, wäre ich Ihnen dankbar, wenn Sie einen Firmenvertreter zu uns schicken

sonal effects to be moved and give me a quotation for the cost of packing and removal. We should also like the effects to be unpacked at the other end.

We plan to leave Cologne in the week of September 7th-11th and would be in St Albans the following day to receive the shipment.

I would also be grateful for any information concerning insurance and customs clearance.

Yours faithfully,

könnten, um eine Schätzung des Umzugsvolumens der Möbel und der persönlichen Gebrauchsgegenstände sowie der Kosten für Transport und Verpackung vorzunehmen. Wir würden die Umzugsgegenstände am Zielort auch gern auspacken lassen.

Wir planen, in der Woche vom 7. bis 11. September in Köln abzureisen und am Tag danach in St. Albans die Sendung in Empfang zu nehmen.

Ich wäre Ihnen auch dankbar für Informationen über Versicherung und Zollabfertigung.

Mit freundlichen Grüßen

93. Adressenänderung

Dear Sir or Madam,

I am writing to inform you of my new address, as above, which will take effect from August 15th. My previous address was 13 Marjoram Lane, Windermere, Cumbria, LA23 7UA.

Yours faithfully,

Sehr geehrte Damen und Herren,

hiermit möchte ich Sie von meiner neuen Adresse (siehe oben) in Kenntnis setzen. Sie gilt ab 15. August. Meine frühere Adresse lautete: 13 Marjoram Lane, Windermere, Cumbria, LA23 7UA.

Mit freundlichen Grüßen

94. An eine Bank wegen Kontoeröffnung

The Manager
Barcland's Bank
Pennypot Lane
Gildersome
Leeds
LS27 8NR

Dear Sir,

I have recently taken up employment locally and would like to open a cur-

An den
Direktor der
Barcland's Bank
Gildersome
Leeds
LS27 8NR

Sehr geehrter Herr Direktor,

ich habe kürzlich hier im Ort eine Arbeit aufgenommen und möchte bei

rent account with your branch of Barcland's Bank. My employers are Digicom of 211 Westmore Road, Pickham, and my annual salary is £17,450.

I would be grateful if you could send me the relevant application forms.

Yours sincerely,

Ihrer Filiale der Barcland's Bank ein Girokonto eröffnen. Mein Arbeitgeber ist Digicom in 221 Westmore Road, Pickham. Mein Jahresgehalt beträgt £17.450.

Ich wäre Ihnen dankbar, wenn Sie mir die entsprechenden Antragsformulare zuschicken könnten.

Mit freundlichen Grüßen

95. An eine Bank zur Sperrung eines Schecks

Dear Sir or Madam,

I would be grateful if you would stop payment of my cheque number 694 213 83 for £136 in favour of Innova Ltd. I have spoken to the firm to cancel my original order for goods.

Yours faithfully,

Sehr geehrte Damen und Herren,

ich wäre Ihnen dankbar, wenn Sie die Zahlung meines Schecks Nr. 694 213 83 über £136 an Innova Ltd. sperren würden. Ich habe mit der Firma besprochen, dass meine ursprüngliche Warenbestellung storniert wird.

Mit freundlichen Grüßen

96. Einzugsermächtigung

Direct debit from account no. 450986

Dear Sir or Madam,

I would be grateful if you could pay the sum of £156 into the following account on the 4th of each month, commencing on September 4th until further notice:

       Priory National plc
       Account No. 132867
       Gyrobank
       Butcher Street
       Glasgow G2 9DS

Yours faithfully,

Einzugsermächtigung Kontonr. 450986

Sehr geehrte Damen und Herren,

würden Sie bitte die Summe von £156 am 4. jeden Monats, beginnend mit dem 4. September, bis auf Widerruf auf folgendes Konto einzahlen:

       Priory National plc
       Kontonummer 132867
       Gyrobank
       Butcher Street
       Glasgow G2 9DS

Mit freundlichen Grüßen

97. Meldung eines Diebstahls bei der Polizei

Dear Sirs,

Report of a theft and damage to a car

Further to my telephone call of October 12th with Constable Saunders, I am writing to confirm that my car was broken into on the morning of the 12th and a mobile phone and attaché case containing several files and computer disks stolen.

The car (a brilliant red MBW 320i, registration number M 415 NIT) was parked in Ship Street, and when I returned to it at 11.45 a.m. the passenger-side window had been smashed and the phone and attaché case removed.

Though I realize there is little chance of recovering either the phone or the attaché case, it seems possible that the thief might discard the contents of the case as being of no material value. I would be very grateful if you could notify me at the above address should the files (marked "SB Negotiations") or the diskettes (3 $\frac{1}{2}$" format, marked SB1 and SB2) be handed in, as both contain data regarding rather important business negotiations.

Yours faithfully,

Diebstahl und Einbruch bei meinem Pkw

Sehr geehrte Damen und Herren,

ich beziehe mich auf mein Telefonat vom 12. Oktober mit Constable Saunders und bestätige, dass am Morgen des 12. Oktober mein Auto aufgebrochen wurde und ein Mobiltelefon sowie ein Aktenkoffer mit mehreren Akten und Disketten gestohlen wurden.

Ich hatte meinen Wagen (einen brillantroten MBW 320i, Kennzeichen M 415 NIT) in der Ship Street geparkt, und als ich um 11.45 Uhr zum Parkplatz zurückkehrte, waren das Fenster auf der Beifahrerseite eingeschlagen und das Telefon und der Aktenkoffer entfernt worden.

Obwohl mir bewusst ist, dass die Chance gering ist, dass Telefon und Aktenkoffer wiederbeschafft werden können, kann es doch möglich sein, dass der Dieb den Inhalt des Aktenkoffers wegwirft, da er keinen materiellen Wert darin sieht. Ich wäre Ihnen sehr dankbar, wenn Sie mich unter oben genannter Adresse benachrichtigen könnten, falls die Akten (gekennzeichnet „SB Negotiations") oder die Disketten (3 $\frac{1}{2}$ Zoll, gekennzeichnet SB1 und SB2) zufälligerweise abgegeben werden sollten. Sie beinhalten wichtige Geschäftsverhandlungen.

Mit freundlichen Grüßen

98. Meldung eines Verkehrsunfalls an die Versicherung

Dear Sir or Madam,

Claim for reimbursement and accident report

On the afternoon of Tuesday, November 8th, I was involved in a minor accident with a Cheetah JX12, registration number O 123 JIM, driven by Mr James Meldrew of 84 St John Square, Swindon SN3 5KT, who is insured with your company. The accident occurred as he was leaving the Kwikspend car park in Abingdon, Oxfordshire, and entering Denton Road. He did not dispute his liability and assured me he would get in touch with you immediately.

The damage to my front left wing and headlamp has now been repaired, and I am enclosing the bill in the hope that you will be good enough to reimburse me for the amount as soon as possible.

Yours faithfully,

Birgit Prinz (Ms)

Unfallbericht und Schadenserstattung

Sehr geehrte Damen und Herren,

am Nachmittag des 8. November, einem Dienstag, war ich in einen Unfall geringeren Ausmaßes mit einem Pkw Cheetah JX12, amtliches Kennzeichen O 123 JIM, verwickelt. Der Fahrer des Cheetah, Herr James Meldrew, 84 St John Square, Swindon SN3 5KT, ist bei Ihrer Firma versichert. Es kam zu dem Unfall, als der Fahrer des Cheetah den Kwikspend-Parkplatz in Abingdon, Oxfordshire verließ, um in die Denton Road einzubiegen. Er gab zu, den Unfall verursacht zu haben, und versicherte mir, dass er sich sofort mit Ihnen in Verbindung setzen würde.

Der Schaden am vorderen linken Kotflügel und am Scheinwerfer ist inzwischen repariert worden. Die Rechnung füge ich bei. Ich hoffe, dass Sie mir so bald wie möglich den Betrag erstatten können.

Mit freundlichen Grüßen

Birgit Prinz

99. Inanspruchnahme eines Rechtsanwalts

Dear Mr Simmonds,

I am writing to you on the recommendation of Mrs Melanie Peters, who says you are a specialist in property and rental affairs.

I would be most grateful if you could act as my solicitor in a matter concern-

Sehr geehrter Herr Simmonds,

ich schreibe Ihnen auf Empfehlung von Frau Melanie Peters, die mir mitteilte, dass Sie Spezialist in Eigentums- und Mietangelegenheiten sind.

Ich wäre Ihnen sehr dankbar, wenn Sie für mich eine Rechtsangelegenheit bezüglich eines Hausmietvertrags

ing a house rental contract, details of which I enclose.

Yours sincerely,

übernehmen könnten. Die Einzelheiten füge ich bei.

Mit freundlichen Grüßen

100. Bekanntgabe eines Todesfalls an eine Versicherungsgesellschaft

Dear Mr Howe,

Life insurance policy no. SF/34/567/8

I am writing to inform you that my husband died on Tuesday, February 8th. As you know, he had a life insurance policy with your company. I am therefore enclosing the policy document and a photocopy of the death certificate, with the request that you kindly deal with the matter accordingly.

Please excuse the brevity of this letter, but you will understand that I am still in a state of shock.

I look forward to hearing from you.

Yours sincerely,

Lebensversicherungspolice Nr. SF/34/567/8

Sehr geehrter Herr Howe,

ich möchte Sie hiermit davon in Kenntnis setzen, dass mein Mann am Dienstag, dem 8. Februar, gestorben ist. Wie Sie wissen, hatte er eine Lebensversicherung bei Ihrer Firma abgeschlossen. Daher füge ich die Police und eine Fotokopie der Sterbeurkunde bei, mit der freundlichen Bitte, die Angelegenheit entsprechend zu erledigen.

Verzeihen Sie bitte die Kürze dieses Briefes, aber Sie werden sicherlich verstehen, dass ich mich noch in einem Zustand des Schocks befinde.

In Erwartung Ihrer Antwort verbleibe ich mit freundlichen Grüßen

C KURZMITTEILUNGEN

Postkarten aus dem Urlaub

Postkarten werden mit einer Grußformel oder nur mit dem Namen beendet.

Having a wonderful time. Weather is lovely, the children are thrilled with the sand and sea. Wish you were here.

Verbringen eine wunderschöne Zeit. Wetter ist herrlich, die Kinder sind von Sand und Meer begeistert. Wär schön, wenn ihr auch hier wärt!

[Dear Joan and Clive,]

[Liebe Joan, lieber Clive,]

After 2 weeks in San Francisco, I'm now spending a few days in New Orleans before returning to New York and flying home. It was lovely to see Chris and Larry and the grandchildren. Will tell you all about it when I get back.

nach 2 Wochen San Francisco verbringe ich nun ein paar Tage in New Orleans, bevor ich nach New York zurückkehre und heimfliege. Es war sehr schön, Chris und Larry und die Enkelkinder zu sehen. Werde bei meiner Rückkehr alles erzählen.

[Lots of] Love, Myra

[Viele] Liebe Grüße, Myra

Kartengrüße

Folgende Formulierungen können auf Karten sowie am Briefschluss verwendet werden:

Weihnachten/Neujahr

Merry/Happy Christmas!
With best wishes / With love
from Carol

Frohe/Fröhliche Weihnachten
und *alles Gute / liebe Grüße*
von Carol

Merry Christmas and a Happy New Year!

Frohe Weihnachten und ein glückliches neues Jahr!

[Wishing you] A Happy New Year!

[Mit den besten Wünschen für ein] Frohes neues Jahr!

(Nach einem gedruckten Weihnachts- oder Neujahrsgruß:)

from Rachel

von Rachel

Yours, Malcolm

[With] Love from Sally and Robert

Dein/Ihr Malcolm

Alles Liebe von Sally und Robert

Geburtstag

Happy birthday!

Herzlichen Glückwunsch zum Geburtstag!

Many happy returns [of the day]!

Alles Gute zum Geburtstag! (*etwa:* Noch viele glückliche Jahre!*)

Krankheit

Sorry to hear you are *unwell / sick / in hospital* / (salopp) *laid up.* Get well soon!

[Es] Tut mir Leid zu hören, dass *es dir schlecht geht / du krank bist / du im Krankenhaus liegst / du auf der Nase liegst.* Gute Besserung!

E-Mail-Mitteilungen

Please note my new e-mail address which comes into effect on 17 April: PRCoot@quick.de

Bitte nehmen Sie meine neue E-Mail-Adresse zur Kenntnis, die ab 17. April gültig ist: PRCoot@quick.de

Please note that I shall not be checking my e-mail box from June 2 to July 5. I shall deal with any messages when I return.

Bitte nehmen Sie zur Kenntnis, dass ich zwischen dem 2. Juni und dem 5. Juli meine E-Mail-Box nicht checken werde. Bei meiner Rückkehr werde ich mich um eingetroffene Mails kümmern.

[Hi] Doris - How about lunch tomorrow, or are you too busy? Shall I book a table at Café Noir for 12.30? Let me know.
S.

[Hallo] Doris - Hast du Lust auf Mittagessen morgen, oder bist du zu beschäftigt? Soll ich einen Tisch bei Café Noir für 12.30 h bestellen? Lass es mich wissen.
S.

Virus warning!
If you receive an e-mail entitled "GET RICH QUICK", do not under any circumstances open it! It will erase all files on your hard disk.
Please pass this message on to as many people as you can.

Viruswarnung!
Wenn Sie eine E-mail mit dem Titel "GET RICH QUICK" erhalten, unter keinen Umständen öffnen! Sie löscht alle Daten, die sich auf Ihrer Festplatte befinden.
Reichen Sie diese Warnung an soviele Leute wie möglich weiter.

D HÄUFIG GEBRAUCHTE WENDUNGEN

Die stilistische Ebene der verschiedenen Wendungen entnehmen Sie bitte den Über-setzungen, die sich des Verständnisses halber relativ eng an die Ausgangstexte anlehnen. Oft ist der Unterschied zwischen formell und familiär durch den Gebrauch von „Sie" bzw. „du" im Deutschen wiedergegeben.

NB: Bei familiäreren Briefen werden die Kurzformen I'm, you're, we'll *usw. gene-rell bevorzugt.*

Briefbeginn: Dank

1. Thank you *[very much / so much]* for your [kind] *letter/card/invitation.* – 2. *Thank you / Thanks* for your letter with all the news. – 3. This is to thank you for ... – 4. This is just to say thanks for ...

1. Vielen [herzlichen] Dank für *Ihren [netten] Brief / Ihre [nette] Karte / Ihre [freundliche] Einladung.* – 2. Danke für deinen Brief mit all den Neuigkeiten. – 3. Ich schreibe, um mich [bei Ihnen] für ... zu bedanken. – 4. Ich wollte mich für ... bedanken.

Briefbeginn: Anlass

1. I am writing to tell you that ... – 2. I am writing to ask you whether you would like to ... – 3. *Just a quick note / A few lines [in haste]* to let you know that ... – 4. Please excuse these scrib-bled lines, but I just wanted to let you know ...

1. Ich möchte Ihnen mitteilen, dass ... – 2. Ich würde gern nachfragen, ob Sie ... möchten. – 3. *Nur ganz kurz ein paar Zeilen / Ein paar Zeilen [auf die Schnelle],* um dir zu sagen, dass ... – 4. Verzeih bitte mein Gekritzel, aber ich wollte dir nur sagen, dass ...

Entschuldigungsformeln (s. auch Briefe 54, 55)

1. Please forgive me for not writing for so long. – 2. [I know] You must be wondering what has happened to us. – 3. I really must be the world's worst correspondent. – 4. I know I should have written sooner, but ...

1. Verzeih[en Sie] bitte, dass ich so lange nicht geschrieben habe. – 2. [Ich weiß,] ihr fragt euch bestimmt, was wohl aus uns geworden ist. – 3. Ich bin sicherlich der schlechteste Briefe-schreiber auf der Welt. – 4. Ich weiß, ich hätte eher schreiben sollen, aber ...

Gesundheit des Empfängers und der Angehörigen

1. How are you [all]? – 2. How are you keeping? – 3. How is the family? – 4. I [do] hope that you are feeling better after your *flu/operation/accident*. – 5. I hope it won't be long before you are *better again / up and about again / back to your usual self*. – 6. I [do] hope your leg isn't causing you too much pain. – 7. We were very sorry to hear you were *ill / in hospital*. – 8. Is your father recovering from his illness? – 9. Please tell him I hope he gets *well/better* soon. – 10. Please wish your husband a speedy recovery. – 11. Get well soon!

1. Wie geht es *Ihnen/euch* [allen]? – 2. Wie geht es denn so? – 3. Wie geht es der Familie? – 4. Ich hoffe [sehr], dass es Ihnen nach *Ihrer Grippe / Ihrer Operation / Ihrem Unfall* besser geht. – 5. Ich hoffe, dass *es dir bald wieder besser geht / du bald wieder auf den Beinen bist / du bald wieder der/die Alte bist*. – 6. Ich hoffe [sehr], dass Ihnen Ihr Bein nicht allzu große Schmerzen bereitet. – 7. Es tat uns sehr Leid zu hören, dass Sie *krank sind / im Krankenhaus liegen*. – 8. Erholt sich dein Vater von seiner Krankheit? – 9. Sage ihm bitte, dass ich ihm gute Besserung wünsche. – 10. Richten Sie Ihrem Mann bitte meine Wünsche für eine rasche Genesung aus. – 11. Gute Besserung!

Gesundheit des Schreibers und der Angehörigen

1. I'm [feeling] fine. – 2. I'm feeling *a bit / much* better. – 3. I haven't been too well lately. – 4. Tommy has got the measles. – 5. Tina is just getting over *her mumps / a bad case of mumps*. – 6. I've got a terrible cold. – 7. The whole family has had flu. – 8. John has been coughing for weeks. – 9. Peter is going into hospital for an operation tomorrow. – 10. Karen came out of hospital last week.

1. Mir geht es gut. – 2. Mir geht es *ein bisschen / viel* besser. – 3. Mir ging es in letzter Zeit nicht besonders gut. – 4. Tommy hat die Masern. – 5. Tina erholt sich gerade von *ihrem Ziegenpeter / einem schweren Fall von Mumps*. – 6. Ich habe eine furchtbare Erkältung. – 7. Die ganze Familie hatte Grippe. – 8. John hat seit Wochen Husten. – 9. Peter muss morgen wegen einer Operation ins Krankenhaus. – 10. Karen hat letzte Woche das Krankenhaus verlassen.

Wetter

1. The weather here *is lovely [at the moment] / has been lovely*. – 2. We've had lovely weather [for three weeks]. – 3. It's very hot and sticky over here. – 4. We're suffering from a heatwave at

1. Das Wetter hier *ist [zurzeit] wunderschön / ist bis jetzt wunderschön gewesen*. – 2. Wir haben [seit drei Wochen] wunderbares Wetter. – 3. Es ist hier drüben sehr heiß und schwül. – 4. Wir leiden zurzeit unter einer

the moment. – 5. It has been a long, hot summer. – 6. The weather has been *awful/dreadful*. – 7. We've had nothing but rain for the past two weeks. – 8. It's been a wet and windy autumn. – 9. Winter is on its way. – 10. It's bitterly cold here. – 11. There's three feet of snow outside and the roads are icy. – 12. Spring is in the air. – 13. It's been a lovely warm spring. – 14. I hope you're having better weather than we are.

Hitzewelle. – 5. Es ist ein langer, heißer Sommer gewesen. – 6. Das Wetter ist furchtbar gewesen. – 7. Es hat in den letzten zwei Wochen nur noch geregnet. – 8. Es ist ein nasser, windiger Herbst gewesen. – 9. Der Winter steht vor der Tür. – 10. Es ist hier bitterkalt. – 11. Draußen liegt ein Meter Schnee, und die Straßen sind vereist. – 12. Der Frühling liegt in der Luft. – 13. Es ist ein schöner, warmer Frühling gewesen. – 14. Ich hoffe, ihr habt besseres Wetter als wir.

Neuigkeiten

1. I'm writing *to tell you / to let you know the good news* that ... – 2. How are things with you? – 3. How have you been keeping [lately]? – 4. I've been thinking about you [all] and wondering *how/if/whether* ... – 5. How did Nick get on with his interview? – 6. Did Roseanne get a place at university? – 7. How are you getting on in your new *job/house*? – 8. Have you settled into your new flat [yet]? – 9. How is Jonathan enjoying *school/university/ work*? – 10. Have you heard from Tony at all? – 11. What's new with you? – 12. Please write soon with all your news. – 13. Do write and tell *me/us everything/all*. – 14. Do write if you get time. *I'd/We'd* love to hear from you.

1. Ich möchte *dich wissen lassen, / dir die gute Nachricht mitteilen,* dass ... – 2. Wie geht es *dir/euch/Ihnen* so? – 3. Wie ist es *dir/euch/Ihnen* [in letzter Zeit] ergangen? – 4. Ich habe an *dich / euch [alle]* gedacht und mich gefragt, *wie/ob* ... – 5. Wie ist es Nick bei seinem Vorstellungsgespräch ergangen? – 6. Hat Roseanne einen Studienplatz bekommen? – 7. Wie geht es dir in *deiner neuen Stellung / deinem neuen Haus*? – 8. Habt ihr euch in eurer neuen Wohnung [schon] eingelebt? – 9. Wie gefällt Jonathan die *Schule/Universität/Arbeit*? – 10. Habt ihr irgendwas von Tony gehört? – 11. Was gibt's bei *dir/euch* Neues? – 12. Schreib bitte bald von all deinen Neuigkeiten. – 13. Schreib bitte und erzähl *mir/uns* alles. – 14. Schreib bitte, wenn du Zeit hast. *Ich/Wir* würde[n] wirklich gerne von dir hören.

Geburt (s. auch Briefe 1, 2)

1. We wanted to let you know straightaway that we have had a baby boy, born on Tuesday at St Thomas's Hospital. – 2. *His name is Jeremy. / We*

1. Wir wollten euch sofort wissen lassen, dass wir einen kleinen Jungen haben. Er kam am Dienstag im St.-Thomas-Krankenhaus zur Welt. – 2. *Er heißt Jeremy. / Wir wollen ihn Jere-*

are calling him Jeremy. – 3. Just to let you know that we have had twins, Ronald and Julie, born last Sunday at 5 in the morning. – 4. Both Sally and the *baby/twins* are [doing] *well/fine.* – 5. Jeremy weighed 7 ½ pounds at birth. – 6. I know you will be *glad/delighted* to hear that Cathy had a baby daughter on March 21st. – 7. She is going to be called Lucy Elizabeth after her two grandmothers.

my nennen. – 3. Nur kurz, um euch wissen zu lassen, dass wir Zwillinge - Ronald und Julie - bekommen haben. Sie wurden letzten Sonntag um 5 Uhr früh geboren. – 4. Sally und *dem Baby / den Zwillingen* geht es gut. – 5. Jeremy wog bei der Geburt knapp 7 Pfund. – 6. Ich weiß, dass Sie sich über die Nachricht freuen, dass Cathy am 21. März eine Tochter bekommen hat. – 7. Sie wird nach ihren beiden Großmüttern Lucy Elizabeth heißen.

Glückwünsche zur Geburt (s. auch Briefe 4, 5)

1. We were delighted to hear *of Peter's birth / of the new addition to the family* and send you our best wishes. – 2. Our warmest congratulations on the birth of your baby daughter.

1. Mit großer Freude haben wir *von Peters Geburt / vom Familienzuwachs* gehört und senden euch unsere herzlichsten Wünsche. – 2. Wir gratulieren herzlichst zur Geburt Ihrer Tochter.

Taufe (s. auch Briefe 6, 7)

We would like to let you know that *Susan is being christened / we're having the baby christened* at St Andrew's Church on Sunday at 2.30 p.m., and we hope you will be able to come to the service and join us for tea afterwards.

Wir wollten *euch/Sie* wissen lassen, *dass Susan am Sonntag um 14.30 Uhr in der St.-Andrew's-Kirche getauft wird / dass wir unser Kind um 14.30 Uhr in der St.-Andrew's-Kirche taufen lassen,* und wir hoffen, dass *ihr/Sie* zum Gottesdienst und anschließend zu uns zum Tee kommen *könnt/können.*

Verlobung (s. auch Brief 8)

1. I'm writing to tell you that I've just got engaged to Trevor Holmes. – 2. I'd just like you to know that I have got engaged to Anita Lodge, *a fellow-student / a childhood friend / a girl I met when I was working in Canada last year.* – 3. Nigel has just got engaged to Catherine Nott, a lovely girl he has been going out with for two years.

1. Ich möchte euch mitteilen, dass ich mich soeben mit Trevor Holmes verlobt habe. – 2. Ich wollte dir mitteilen, dass ich mich mit Anita Lodge verlobt habe, *einer Kommilitonin / einer Freundin aus meiner Kindheit / einer jungen Frau, die ich letztes Jahr kennen lernte, als ich in Kanada arbeitete.* – 3. Nigel hat sich mit Catherine Nott verlobt, einer reizenden jungen Frau, mit der er seit zwei Jahren zusammen ist.

Glückwünsche zur Verlobung

1. We were so pleased to hear about your engagement and send you and Trevor our very best wishes for the future. – 2. My warmest congratulations on your engagement to Lydia. – 3. I am sure you will both be very happy. – 4. Wishing you both much happiness.

1. Wir haben uns so gefreut, von deiner Verlobung zu hören, und wünschen dir und Trevor alles erdenklich Gute für die Zukunft. – 2. Mein allerherzlichster Glückwunsch zu Ihrer Verlobung mit Lydia. – 3. Ich bin sicher, Sie werden beide sehr glücklich sein. – 4. Ich wünsche euch beiden viel Glück.

Hochzeit (s. auch Brief 9)

1. Edward and Lucy are getting married in September. We do hope you can come to the wedding. – 2. We shall be sending out proper invitations later. – 3. You will be getting an invitation in the next few weeks. – 4. Our *[eldest/youngest]* daughter Barbara was married to Peter Marsh last month. – 5. She has moved to Bracknell, where Peter works for a computer company.

1. Edward und Lucy heiraten im September. Wir hoffen sehr, dass ihr zur Hochzeit kommen könnt. – 2. Offizielle Einladungen werden wir später versenden. – 3. Ihr werdet in den nächsten Wochen eine Einladung bekommen. – 4. Unsere *[älteste/jüngste]* Tochter Barbara und Peter Marsh haben letzten Monat geheiratet. – 5. Sie ist nach Bracknell gezogen, wo Peter für eine Computerfirma arbeitet.

Glückwünsche zur Hochzeit

1. This is to send you our warmest congratulations on your marriage. – 2. We were delighted to hear that you are getting married and send our very best wishes for your happiness in the future. – 3. I was so pleased to hear of Barbara's [coming] marriage. – 4. Please give her my warmest wishes for her future happiness.

1. Wir möchten Ihnen hiermit zu Ihrer Hochzeit herzlichst gratulieren. – 2. Wir haben uns über die Nachricht von eurer Hochzeit sehr gefreut und senden unsere herzlichsten Wünsche für euer zukünftiges Glück. – 3. Ich habe mich so gefreut, als ich von Barbaras [bevorstehender] Hochzeit hörte. – 4. Bitte übermitteln Sie ihr meine herzlichsten Glückwünsche für die Zukunft.

Tod (s. auch Brief 18)

1. I know you will be sorry to hear that my father died [suddenly] on Thursday [after a short illness]. – 2. *I thought you*

1. Ich weiß, du wirst über die Nachricht traurig sein, dass mein Vater [nach kurzer Krankheit] am Don-

would like to know / I felt I ought to write and tell you that Deirdre died *on Tuesday / last night.* – 3. The funeral *will be held / is to be held* at St Michael's Church, Godalming, on Monday at 11 a.m. – 4. *Thank you for asking / It was kind of you to ask* about my mother. – 5. I am sorry to say that she died in March [after a long *illness / battle against cancer*]. – 6. Uncle William passed away quietly in his sleep on Wednesday night. – 7. We're thankful that he didn't suffer *much / at all.* – 8. *(an Bekannte)* I lost my dear wife a fortnight ago. – 9. It was a merciful release for her.

nerstag [plötzlich] gestorben ist. – 2. *Ich dachte mir, du wirst sicherlich wissen wollen, / Ich schreibe, um dir mitzuteilen,* dass Deirdre *am Dienstag / heute Nacht* gestorben ist. – 3. Die Trauerfeier findet am Montag um 11 Uhr in der St.-Michael's-Kirche in Godalming statt. – 4. *Danke / Es war nett von dir,* dass du dich nach meiner Mutter erkundigt hast. – 5. Leider muss ich dir mitteilen, dass sie im März [nach *langer Krankheit / einem langen Kampf gegen ihre Krebskrankheit*] gestorben ist. – 6. Onkel William entschlief in der Nacht zum Donnerstag sanft. – 7. Wir sind dankbar, dass er *kaum/nicht* leiden musste. – 8. Vor zwei Wochen habe ich meine liebe Frau verloren. – 9. Es war eine gnadenvolle Erlösung für sie.

Beileid, Anteilnahme (s. auch Briefe 19, 20)

1. I was *so sorry / deeply saddened* to hear of your father's death and send you my *sincere/heartfelt* sympathy. – 2. It came as a great shock to us to hear of Lilian's death. We do send you our deepest sympathy. – 3. We are *both/all* thinking of you at this very difficult time.

1. Mit *großem Bedauern / tiefer Trauer* habe ich vom Tod deines Vaters gehört. Ich spreche dir mein aufrichtiges Mitgefühl aus. – 2. Die Nachricht von Lilians Tod war für uns ein schwerer Schock. Wir sprechen dir unser tief empfundenes Mitgefühl aus. – 3. Wir denken *beide/alle* in dieser sehr schwierigen Zeit an dich.

Glückwünsche zum Geburtstag (s. auch Briefe 22, 24)

1. Happy birthday! – 2. Many happy returns of the day! – 3. Best wishes on your birthday! – 4. With all good wishes on your birthday. – 5. With love and best wishes on your birthday. – 6. Wishing you a very happy birthday.

1. Herzliche Glückwünsche zum Geburtstag! – 2. *(etwa)* Noch viele glückliche Jahre! – 3. Alles Gute zum Geburtstag! – 4. Mit allen guten Wünschen zu *deinem/Ihrem* Geburtstag! – 5. Alles Liebe und die besten Wünsche zu deinem Geburtstag. – 6. *Ich/Wir* wünsche[n] dir zum Geburtstag alles, alles Gute.

Erfolgswünsche für eine Prüfung (s. auch Brief 25)

1. *We wish you / Wishing you* the best of luck in your [forthcoming] exams. – 2. I'm sure you will do [very] well. – 3. You've worked so hard for these exams, you certainly deserve to pass. – 4. Let us know the results as soon as they come through! – 5. We'll be thinking of you on the day. – 6. We'll be keeping our fingers crossed! – 7. Make sure you try and get a good night's sleep [and have a decent breakfast on the day]!

1. Wir wünschen dir viel Glück für deine [bevorstehenden] Prüfungen. – 2. Ich bin sicher, du wirst [sehr] gut abschneiden. – 3. Du hast so hart für diese Prüfungen gearbeitet, dass du es verdienst, sie zu bestehen. – 4. Lass uns das Ergebnis wissen, sobald es bekannt ist! – 5. Wir werden an dem Tag an dich denken. – 6. Wir werden dir die Daumen drücken! – 7. Sieh zu, dass du ordentlich schlafen kannst [, und nimm am Prüfungstag ein kräftiges Frühstück zu dir]!

Glückwünsche zur bestandenen Prüfung, neuen Stelle usw.
(s. auch Brief 26)

1. Congratulations on passing your *exam / driving test*! – 2. I knew you'd do it! – 3. I was delighted to hear that you had done so well in your *exams/finals* and send you my warmest congratulations. – 4. Congratulations on passing your exam with flying colours! – 5. Congratulations on *your new job / your promotion*. – 6. Derek and I wish you *all the best / every success* in your new *job/position*.

1. Herzlichen Glückwunsch zur bestandenen [Fahr-]Prüfung! – 2. Ich wusste, dass du es schaffst! – 3. Es hat mich sehr gefreut zu hören, dass du bei deinen [Abschluss-]Prüfungen so gut abgeschnitten hast. Ich gratuliere dir sehr herzlich! – 4. Herzlichen Glückwunsch zur glänzend bestandenen Prüfung! – 5. Herzlichen Glückwunsch *zur neuen Stelle / zur Beförderung*! – 6. Derek und ich wünschen dir *alles Gute / vollen Erfolg* in deiner neuen *Stelle/Position*.

Geschenke

1. *With best wishes / With love* from us all. – 2. For Katy, with all good wishes for a happy *birthday/Christmas*. – 3. For someone who has everything. With love, Diana. – 4. We hope you like the present. – 5. Just a little something *for your birthday / on your retirement*. With best wishes, Julian and Jenny. – 6. A small token of our grati-

1. *Mit den besten Wünschen / Alles Liebe* von uns allen. – 2. Für Katy mit allen guten Wünschen für *einen glücklichen Geburtstag / ein glückliches Weihnachtsfest*. – 3. Für jemanden, der schon alles hat. Alles Liebe von Diana. – 4. Wir hoffen, dir gefällt das Geschenk. – 5. Eine Kleinigkeit *zu deinem Geburtstag / zu deiner Pensionierung*. Mit den besten Wünschen

tude. Best wishes, Mike and Nora. – 7. I really didn't know what to get you, so I'm sending you *a cheque / a book token*. – 8. As my Scottish godfather used to say, don't spend it all in the one shop! – 9. We hope you like the fountain pen. If it isn't the right sort, it can easily be exchanged.

von Julian und Jenny. – 6. Zum Zeichen unserer Dankbarkeit. Herzliche Grüße, Mike und Nora. – 7. Ich wusste wirklich nicht, was ich dir kaufen soll; also schicke ich dir *einen Scheck / einen Büchergutschein.* – 8. Wie mein schottischer Pate zu sagen pflegte: Gib nicht alles im gleichen Laden aus! – 9. Wir hoffen, dir gefällt der Füllhalter. Wenn er nicht der richtige sein sollte, ist es kein Problem ihn umzutauschen.

Dank für Geschenke (s. auch Brief 28)

1. Thank you for the lovely *birthday/Christmas* present. – 2. It really is just what I wanted. – 3. How clever of you to choose it! – 4. I shall [always] treasure it. – 5. Thank you for the lovely book. I look forward to reading it during the summer holidays. – 6. Thank you for your [generous] cheque. I intend to buy some CDs with it, and will let you know which ones as soon as I have done so. – 7. Thank you [very much] for the book token. I shall probably buy a new dictionary with it.

1. Danke für das schöne *Geburtstagsgeschenk/Weihnachtsgeschenk.* – 2. Es ist genau das, was ich wollte. – 3. Du hast genau das Richtige getroffen! – 4. Ich werde es [immer] in Ehren halten. – 5. Danke für das schöne Buch. Ich freue mich darauf, es während der Sommerferien zu lesen. – 6. Danke für deinen [großzügigen] Scheck. Ich will mir dafür einige CDs kaufen und werde dir dann mitteilen, für welche ich mich entschieden habe, wenn es so weit ist. – 7. Vielen [herzlichen] Dank für den Büchergutschein. Ich werde mir wahrscheinlich ein neues Wörterbuch dafür kaufen.

Einladungen zu diversen Gelegenheiten (s. auch Briefe 37–40, Einladungen werden meistens mündlich – d. h. oft telefonisch – ausgesprochen und dann eventuell schriftlich bestätigt.)

1. We're having *a dinner party on Friday, 14th May / a few friends to lunch at 12.30 next Sunday* and would be delighted if you could join us. – 2. We've got four tickets to "Richard III" at Stratford on Thursday, March 15th, and wondered if you and Edward

1. *Wir haben am Freitag, dem 14. Mai, ein Abendessen / Für nächsten Sonntag 12.30 Uhr laden wir einige Freunde zum Mittagessen ein,* und es würde uns sehr freuen, wenn *Sie/ihr* dabei sein *könnten/könntet.* – 2. Wir haben für Donnerstag, den 15. März, vier Karten für „Richard III." in Stratford

would like to join us. – 3. We're having a barbecue from 6 o'clock onwards on Saturday, August 4th, and would love you and the children to come along, too. – 4. Liz tells us that you're going to be in this part of the world some time in October. Do get in touch so that we can arrange to meet! – 5. If ever you're in the Salisbury area, *do get in touch / let us know.*

und wollten gern wissen, ob du und Edward mitkommen möchtet. – 3. Am Samstag, dem 4. August, machen wir ab 18 Uhr eine Grillparty und würden uns sehr freuen, wenn ihr und die Kinder auch kommen könntet. – 4. Liz sagte uns, dass ihr irgendwann im Oktober in unserer Ecke sein werdet. Setzt euch doch mit uns in Verbindung, damit wir ein Treffen arrangieren können! – 5. Sollten Sie mal in der Gegend von Salisbury sein, *dann setzen Sie sich bitte mit uns in Verbindung / lassen Sie es uns bitte wissen.*

Annahme der Einladung (s. auch Briefe 41, 42)

1. Thank you for your kind invitation to *lunch/dinner* on May 14th. – 2. Tony and I would be delighted to come. – 3. We'd love to come. – 4. We'd love to see "Richard III" with you in Stratford. – 5. We're all looking forward to coming to your barbecue. Is there anything we can bring? – 6. I was wondering if I could come and see you some time during the second week in October. – 7. We may well call on you in April on our way to Bournemouth.

1. Wir danken *Ihnen/euch* für *Ihre/ eure* nette Einladung zum *Mittagessen/Abendessen* am 14. Mai. – 2. Tony und ich würden sehr gerne kommen. – 3. Wir kommen herzlich gern. – 4. Wir würden sehr gerne „Richard III." mit euch in Stratford sehen. – 5. Wir freuen uns alle auf eure Grillparty. Können wir irgendwas mitbringen? – 6. Wäre es möglich, dass ich euch irgendwann in der zweiten Oktoberwoche besuchen komme? – 7. Es ist gut möglich, dass wir bei euch im April auf unserem Weg nach Bournemouth einen Abstecher machen.

Ablehnung, Absage (s. auch Brief 41)

1. Thank you very much indeed for your kind invitation to *lunch/dinner* on Friday. – 2. Unfortunately I have a previous engagement on that day and won't be able to come. – 3. *Unfortunately/Regrettably* David and I have to be in Cambridge on that day, so I'm afraid it will be impossible for us to

1. Vielen herzlichen Dank für die freundliche Einladung zum *Mittagessen/Abendessen* am Freitag. – 2. Leider habe ich an dem Tag schon eine Verabredung und kann deshalb nicht kommen. – 3. *Leider/Bedauerlicherweise* müssen David und ich an dem Tag in Cambridge sein, und ich fürchte, dass es uns daher unmöglich sein

join you. – 4. Unfortunately John has a business function which he can't get out of. – 5. I'm afraid we've had to call off our trip to Scotland because both children have come down with chicken pox.

wird, zu *euch/Ihnen* zu kommen. – 4. Leider hat John einen Geschäftstermin, den er nicht absagen kann. – 5. Leider mussten wir unsere Reise nach Schottland absagen, weil beide Kinder an Windpocken erkrankt sind.

Dank für Gastfreundschaft (s. auch Briefe 43, 44, 51, 52)

1. Thank you so much for a most enjoyable evening last Saturday. – 2. The food was excellent and the company stimulating. – 3. We enjoyed ourselves immensely. – 4. Richard and I had such a good time on Friday. We haven't laughed so much for ages! – 5. We greatly enjoyed our weekend with you - it was so relaxing and such fun. – 6. You are such excellent hosts. We hope to be able to return the hospitality when you are next in our part of the world. – 7. It was lovely to see your new home and the attractive village. – 8. The trip to Blenheim Palace was a real treat.

1. Wir danken Ihnen sehr für den reizenden Abend am letzten Samstag. – 2. Das Essen war ausgezeichnet und die Gesellschaft anregend. – 3. Wir haben uns großartig unterhalten. – 4. Richard und ich haben uns am Freitag köstlich amüsiert. Wir haben lange nicht mehr so sehr gelacht! – 5. Wir haben unser Wochenende mit euch sehr genossen - es war so entspannend und unterhaltsam. – 6. Ihr seid solch hervorragende Gastgeber. Wir hoffen, die Gastfreundschaft erwidern zu können, wenn ihr das nächste Mal in unserer Ecke seid. – 7. Es war sehr schön, euer neues Haus und das entzückende Dorf zu sehen. – 8. Der Ausflug zum Blenheim-Palast war ein besonderes Vergnügen.

Dank für Ausleihen von Büchern usw.

1. Thanks for lending me *the David Lodge novel / your copy of "Small World" / the guide to Florence*. – 2. I thoroughly enjoyed reading it. – 3. It certainly was a good read. – 4. It was excellent. – 5. It *was / came in* very useful indeed. – 6. Herewith returned with thanks your copy of Harold Nicolson's "Diaries and Letters". [It was] Most enlightening!

1. Danke, daß *du/Sie* mir *den David Lodge-Roman / dein/Ihr Exemplar von „Small World" / den Florenz-Reiseführer* ausgeliehen *hast/haben*. – 2. Ich habe *ihn/es* mit großem Vergnügen gelesen. – 3. *Er/Es* las sich wirklich gut. – 4. *Er/Es* war ausgezeichnet. – 5. *Er/Es war wirklich sehr nützlich. / Er/Es hat sich wirklich als sehr nützlich erwiesen.* – 6. Hiermit gebe ich Ihnen Ihr Exemplar von Harold Nicolsons „Diaries and Letters" mit Dank zurück. Es war höchst aufschlussreich!

Entschuldigungen

1. I'm sorry I couldn't attend yesterday's meeting. – 2. The trains were running very late and there was severe congestion when I got to London. – 3. On my way to the station I fell down some steps and sprained my ankle. – 4. I am afraid a major crisis developed *at work / in the office*. – 5. My wife was taken ill very suddenly and I was unfortunately unable to get in touch with you before the meeting. – 6. I had a slight accident on the way to Birmingham and was unable to contact you in time. – 7. I must confess that the appointment completely slipped my mind. – 8. Please forgive me. – 9. I do apologize most sincerely.

1. Es tut mir Leid, dass ich bei der gestrigen Sitzung nicht anwesend sein konnte. – 2. Die Züge hatten viel Verspätung, und in London war alles verstopft. – 3. Auf dem Weg zum Bahnhof bin ich die Treppe runtergefallen und habe mir den Fuß verrenkt. – 4. Leider hat sich *bei der Arbeit / im Büro* eine größere Krise aufgetan. – 5. Meine Frau wurde sehr plötzlich krank, und ich konnte Sie vor der Sitzung leider nicht erreichen. – 6. Ich hatte auf dem Weg nach Birmingham einen kleinen Unfall und konnte Sie nicht rechtzeitig erreichen. – 7. Ich muss gestehen, dass ich die Verabredung völlig vergessen habe. – 8. Bitte verzeihen Sie mir! – 9. Ich bitte vielmals um Entschuldigung.

Antwort darauf

1. I'm sorry we couldn't meet, and even sorrier to hear about *your accident / your wife's illness*. – 2. Please don't worry about *it/yesterday*. – 3. We must try and arrange another meeting soon. – 4. It's nice to know other people forget things sometimes, too! – 5. It happens to the best of us!

1. Es tut mir Leid, dass wir uns nicht treffen konnten. Ich bedaure zutiefst *Ihren Unfall /, dass Ihre Frau erkrankt ist*. – 2. Machen Sie sich bitte keine Gedanken *darüber / über den gestrigen Vorfall*. – 3. Wir sollten bald eine neue Verabredung vereinbaren. – 4. Es ist gut zu wissen, dass auch andere manchmal etwas vergessen! – 5. So etwas kann uns allen einmal passieren!

Grüße von Dritten

1. Pat sends her *regards/love*. – 2. Harry asks me to send his *best wishes / warm[est] greetings*. – 3. My parents ask to be remembered to you. – 4. Johnny asks me to say hello to you. – 5. Anne was here last week and asked me to pass on her *kind regards / [warm] congratulations*.

1. *Pat lässt grüßen. / Liebe Grüße von Pat*. – 2. Harry lässt seine *besten Wünsche / herzlich[st]en Grüße* übermitteln. – 3. Meine Eltern lassen grüßen. – 4. Ich soll dich von Johnny grüßen. – 5. Anne war letzte Woche hier und bat mich, *ihre besten Grüße / ihren [herzlichen] Glückwunsch* zu übermitteln.

Grüße an Dritte

1. Give my love to *Joe / the children.* – 2. My love to Andrew and the children. – 3. Do give your parents *my regards / my best.* – 4. Please remember me to your grandfather. – 5. Say hello to Justin from me. – 6. How's Dorothy? Please give her my love.

1. *Joe / Den Kindern* alles Liebe. – 2. Liebe Grüße an Andrew und die Kinder. – 3. Bitte grüßen Sie mir Ihre Eltern [recht herzlich]. – 4. Grüß mir bitte deinen Großvater [herzlich]. – 5. Gruß an Justin. – 6. Wie geht es Dorothy? Ich wünsche ihr alles Liebe.

E-Mail

1. I've got a new e-mail address. – 2. You can contact me at the following e-mail address – 3. Could you please acknowledge that you have received this message [so that I can be sure I have the right e-mail address]? – 4. Attached are 3 files in Word 8. – 5. Hope you can open the files. If not, let me know and I'll try sending them in a different format. – 6. I hope you don't mind if I reply to your message by using reply mode. I will insert my replies between the symbols < and>.

1. Ich habe eine neue E-Mail-Adresse. – 2. *Du kannst / Sie können* mich unter folgender E-Mail-Adresse erreichen ... – 3. *Könntest du / Könnten Sie* bitte den Erhalt dieser Nachricht bestätigen [, damit ich sicher gehen kann, dass ich die richtige E-Mail-Adresse habe]? – 4. Anbei 3 Word 8 Dateien als Attachments. – 5. Hoffe, *du kannst / Sie können* die Dateien öffnen. Wenn nicht, bitte melden und ich werde versuchen, sie in einem anderen Format zu senden. – 6. Ich hoffe, *du hast / Sie haben* nichts dagegen, wenn ich auf *deine/Ihre* Mail im Antwort-Modus antworte. Ich werde meine Antworten innerhalb der Symbole <und> einklammern.

E REGISTER